KB111331

WITHIN YOU IS THE POWER

파곤한 인생에서 벗어나는 13가지 생각의 방법

내 안의 힘을 깨워서 삶을 똑바로 바라보기

헨리 토마스 햄블린 지음 | 원혜영 옮김 | 이애영 그림

일러두기

1 『피곤한 인생에서 벗어나는 13가지 생각의 방법』은 1920년에 발표한 헨리 토마스 햄블린(Henry Thomas Hamblin)의 『Within You is the Power』를 번역한 것이다.

2 이 책에서 말하는 신(神)은 일반적인 종교에서 말하는 인격체의 신 같은 개념이 아니라, 우주적이고, 어디에나 존재하는 영혼을 말한다. 즉, 이 책에서의 신(神)은 '우주', '전체', '무한대의 정신 혹은 영혼'의 의미로 읽힐 수 있다.

3 이 책은 한때 전 세계적인 열풍을 일으켰던, 론다 번이 쓰고 제작한 『시크릿』이라는 인기를 끈 영화와 베스트셀러의 원조 격이라고 할 수 있다. 『시크릿』에는 이 책에서 출발한 '신사고 운동'의 가르침이 새롭게 표현되어 있다고 2011년 3월에 발행된 이 책의 미국판에 언급되어 있다.

'신사고 운동(New Thought Movement)'은 19세기 인도와 영국에서 전래된 운동으로 19세기 후반 동안 미국에서도 시작된 영적인 운동이었다. 이 운동은 철학적 이상주의와 긍정적인 사고 훈련에 대한 접근이었다. 이 신사고는 그 당시 주류 종교의 전통주의자들의 가르침을 벗어나게 하는 형이상학적인 믿음을 강조했다고 한다.

또한 신사고 운동은 느슨하게 연합된 종파집단, 세속적인 회원 조직, 작가, 철학자, 그리고 역동적인 사람들로 이루어져 있었다. 그들은 긍정적 사고, 인력의 법칙, 치유, 신성한 생명의 힘, 창조적인 시각화, 그리고 개인의 능력에 관련된 신념을 공유했다고도 한다.

이 운동은 대중의 의식으로부터 거의 사라졌지만, 신사고 운동은 현대 서양 사회에 지속적인 영향을 초래했다. 또한 신사고 운동은 요가와 명상과 같은 동양의 정신적인 수행이 서양에 들어오는 통로의 역할을 했다. 그리고 이 운동은 오늘날 대부분의 '자립' 또는 '자기 계발' 프로그램과 수행의 선구자가 되었다.

4 이 책은 독자들의 가독성을 위해서 현대적 감각으로 정리해 편집했다는 사실을 밝힌다.

디오니소스
프로젝트

책읽는귀족은
『피곤한 인생에서 벗어나는 13가지 생각의 방법』을
여덟 번째 주자로 '디오니소스 프로젝트'를 이어간다.
'디오니소스'는 니체에게 이성의 상징인
아폴론적인 것과 대척되는 감성을 상징한다.
'디오니소스 프로젝트'는 고대 그리스 신화에서는
축제의 신이기도 한 디오니소스의 특성을
상징적으로 담아내려는 시도로,
우리의 창조적 정신을 자극하는 책들을 중심으로
디오니소스적 세계관에 의한, 디오니소스적 앎을 향한
출판의 축제를 한 판 벌이고자 한다.
니체는 디오니소스를 통해
세상을 해방시키는 축제에 경탄을 쏟았고,
고정관념의 틀을 깨뜨릴 수 있는 존재로
디오니소스를 상징화하였다.
자기 해체를 통해 스스로를 극복하는 존재의 상징이기도 한
디오니소스는 마치 헤르만 헤세의
"새는 알에서 나오려고 발버둥 친다. 알은 새의 세계다.
태어나려고 하는 자는 하나의 세계를 파괴해야 한다"는
의미와 맞닿아 있다.
이제 여러분을 '디오니소스의 서재'로 초대한다.

인간은 '운명의 노예'인가,
'자유의지의 주인'인가
그 영원한 질문의 숙제를 이제
확실히 풀고 간다!

'나는 누구인가', '어떻게 살 것인가'라는 문제는 사람이 살아가는 데 끊임없이 되새김질하게 만드는 질문일 것이다. 더불어 '도대체 어떻게 사는 것이 잘 살다가 가는 것일까', '무엇이 행복을 가져다 줄 것인가'라는 질문도 빼놓지 않고 하는 것들이다.

'사람은 눈 감을 때 비로소 철이 든다'라는 말이 있다. 즉, 죽기 전에야 철든다는 것이다. 그 전에는 모든 욕망과 미련, 애착, 욕심 등을 놓지 못한 채, 아등바등 매달려 사는 인생을 빗대어 말하는 것이리라.

그런데 죽기 한참 전에 철 들 수는 없을까. 그건 우리보다 앞서간 사람들이 남겨 놓은 인생에 대한 깊은 깨달음을 살펴보면 가능할 수도 있겠다. 그것이 우리가 독서를 하는 큰 이유 중의 하나이기도 할 것이다.

이 책은 표면적으로만 보았을 때는 사업적으로 굉장한 성공을 거둔 헨리 토마스 햄블린이라는 사람이 깨달은 삶의 진실을 적어 놓은 것이다. 하지만 자세히 들여다보면, 이 책은 한때 최고의 베스트셀러로 국내에서도 독자들의 사랑을 많이 받았던 론다 번의 저서, 『시크릿』의 원조 격이라고 할 수 있다고 한다. 2011년 3월에 발행된 이 책의 미국판에는 그런 설명이 첨부되어 있다. 그 '시크릿'의 원조에 대한 궁금증과, 삶의 진실에 대한 근원적 깨달음을 찾기 위해서 이 책은 기획되었다.

그런데 놀라운 것은, 책읽는귀족의 '디오니소스 프로젝트'를 진행하면서도 깨달았지만, 고대나 근대나 현대를 가로지르는 현자들의 깨달음에는 어떤 공통점이 있다는 사실이다. 이 책에는 그 공통점을 아주 명확하게, 또한 확실하고 강력한 어조로 잘 전달해주고 있다. 돌려서 이야기하지도 않고, 어려운 단어나 철학적인 용어를 사용하면서 에둘러 말하지도 않는다. 그저 '삶의 진실'에 대해 인생의 경험자로서, 깨달은 사람으로서의 메시지를 조목조목 밝히고 있다.

'시크릿의 법칙'의 근원을 찾아서

『시크릿』의 저자, 론다 번은 어떻게 '시크릿의 법칙'을 알게 된 것일까. 시크릿 법칙의 원조가 19세기의 '신사고 운동(New Thought Movement)'에 바탕을 두고 있다는 것을 아는 독자들은 그리 많지 않을 것이다. 이러한 '시크릿의 법칙'의 사상적 뿌리를 알지 못한 채 얼핏 보면, 시크릿의 법칙은 단순히 허무맹랑한 이야기로 비칠 수도 있다. 심하게 말하면, 그냥 순진한 대중들에게 사기를 치는 건 아닌가 하는 생각이 드는 사람도 간혹 있을 것이다.

시크릿의 법칙에서 말하고 있는 '끌어당김의 법칙' 또한 힘든 하루하루를 살아가는 이 시대의 사람들에게 막무가내로 들이미는 '희망 고문'일 뿐인 건 아닐지 의문이 들 수도 있다. 그러나 시크릿의 법칙의 근원을 찾아 올라가 보면 이 생각이 단지 자기계발서의 단순한 소재가 아니라, 인간 존재의 철학적 문제와 맞닿아 있다는 것을 알 수 있다.

시크릿의 법칙을 단순히 '간절히 원하면 이루어질 것이다', '우리가 원하는 것을 끌어당겨 올 수 있다'는 끌어당김의 법칙 등 우리의 소원이나 들어주는 알라딘의 요술 램프처럼 간단하게 생각해선 이 법칙의 진짜 의미에 다가설 수 없다. 시크릿의 법칙은 그저 우리를 단지 잘 살게 해주고, 우리를 성공시켜주는 마법 같은 주문이 아니다. 이 법칙의 근원에서 보자면, '시크릿의 법칙'은 우리의 존재를 확인할 수 있는 통로가 되는 셈이다.

이 시크릿의 법칙에서 우리는 소원을 말해서 이뤄지는 것에 초점을 맞추는 것이 아니라, '우주의 파동'에 더 집중해야 한다. 그래야 우리가 어디와 연결되어 있는지 알 수 있다. 즉, 시크릿의 법칙은 우리에게 자기계발적 통로이기보다 존재론적 문제를 해결해주는 단서를 제공해줄 수 있다는 것이다. 바로 '우리는 어디에서 왔고 누구이며 어디로 가는가'에 대한 존재론적 질문에 답해줄 수 있는 단서가 바로 이 시크릿의 법칙 안에 있을지도 모른다.

우리 인간들은 태아일 때 어머니의 자궁 안에서 탯줄에 의지해 살았듯이, 존재적으로 이 우주와 보이지 않는 탯줄로 연결돼 있을 수도 있다. 그 '보이지 않는 탯줄'이 바로 우주의 파동이다. 시크릿의 법칙에서 강조하고 있는 건 이런 사실을 소수의 인간들만 알고 있어 성공과 부를 얻을 수 있었다고 하는 것이다.

그러나 사실 성공과 부를 얻는 건 시크릿의 법칙 속에서는 부차적인 문제일 수 있다. 우리가 시크릿의 법칙을 통해 제일 먼저 알아야 할 것은 우리가 이 우주와 연결돼 있다는 사실, 그리고 우주의 일부분으로서 우리 인간 자체가 하나의 소우주라는 사실이라는 것이다. 특히 중요한 점은 '인간은 소우주'라는 이 말을 단지 비유적인 차원에서가 아니라, 실제적 의미에서 받아들여야 할지도 모른다는 사실이다.

이제까지 책읽는귀족의 '디오니소스 프로젝트'를 통해 출판된 고전, 『마크 트웨인의 미스터리한 이방인』, 『인생의 서른 가지 질문에 대한 해답』, 『우리는 어디에서 와서 누구이고 어디로 가는가』 등을 통해서 보면, 공통적인 이야기는 이렇다. 우리는 인간의 몸이기 이전부터 이미 우주 속에 존재해 있었고, 또 현재 인간이라는 모습으로 잠시 지구라는 행성에 머물 뿐이며, 나중에는 인간의 몸이라는 껍질을 벗고 다시 우주로 돌아간다는 것이다. 이 설명으로 '우리는 어디에서 와서 누구이고 어디로 가는가'에 대한 존재론적 질문의 해답에 좀 더 가까이 다가갈 수도 있는 셈이다.

또한 이 우주는 많은 종교에서 말하는 것처럼 그런 인격화된 존재가 아니라 그저 에너지로서 무한한 힘을 갖고 있다. 그러므로 우리는 이 우주의 법칙을 거스르지 말고, 그 힘과 파동에 조화를 이루며 살아가야 편안한 삶을 살 수 있다는 것이 『피곤한 인생에서 벗어나는 13가지 생각의 방법』의 핵심적 메시지이기도 하다.

피곤한 인생을 벗어나는 '생각의 열쇠'를 찾아서

우리는 항상 '성공하는 삶'의 조건으로 늘 부(富)를 척도로 삼고 있다. 꿈을 좇아 살아가고 있더라도, 재산을 모으지 못했다면 그 인생은 성공한 인생으로 평가해주지 않는다. 아무리 아니라고 하더라도, 현실에선 분명히 그렇다. 지금 우리가 살고 있는 이 자본주의 사회에서는 재산이 그 사람의 평가 기준이 될 때가 많다.

그러나 이 책의 저자인 햄블린은 세상의 기준에서 보았을 때는 분명히 성공한 삶을 살았지만, 그는 항상 불안하고 행복하지 못했다. 그래서 그 불안함의 근원을 찾다가 어떤 깨달음을 발견한 것이다. 그 삶의 비밀에 대한 첫 기록이 이 책의 내용이다.

이 책에는 우리가 어떻게 살아야 하고, 무엇을 좇으며 살아야 하는지에 대한 답이 나와 있다. 아직 관 뚜껑을 덮을 나이가 아닐 때에 이 책을 읽고 나면, 남아 있는 시간 동안 더 알찬 인생을 살 수 있을지도 모른다. 또 인간은 운명의 노예인지, 자기 자신의 운명의 주인인지에 대한 해답도 구체적으로 밝혀져 있다.

우리가 그 어떤 거대한 법칙에 의해 정해진 운명대로 살고 있는 건지, 아니면 우리의 자발적인 의지로서 살고 있는 것인지에 대한 질문에도 이 책은 답하고 있는 것이다. 그것은 우리보다 먼저 인생을 살고, 온갖 시련을 겪으며, 세상의 부(富)도 누려본 사람이 내린 결론이기에 더 마음에 와 닿는지도 모르겠다.

이 책의 저자는 그야말로 흙수저, 아주 가난한 농가의 자식으로 태어나, 온갖 삶의 풍파를 다 겪으면서 성공을 이룬 사람이다. 그리고 개인적으로는 어린 아들을 먼저 저 세상으로 보낸 '깊은 슬픔'도 맛본 사람이다. 그가 내린 인생의 결론은 무엇일까. 삶의 희로애락을 모두 겪고, 영혼의 깊은 통찰을 거친 저자의 삶에 대한 생각은 무엇일지, 그 깨달음의 길을 따라 가보는 것이 우리가 사는 이 피곤한 인생의 패턴에서 벗어나는 '생각의 열쇠'를 찾는 한 방법이 아닐까.

2016년 5월
조선우

인간의 내면에는
암호화된 비밀 코드가 있다!

인간의 내부에는 숨은 힘이 있다. 그 힘을 사용해서 인간은 더 높고, 더 나은 차원으로 올라갈 수 있다.

인간의 내부에는 더욱 위대한 자아가 있다. 그 자아는 심지어 평야에 솟아오른 산처럼 오감을 지닌 유한한 인간을 초월한다.

이 짧은 책의 목적은 남성과 여성이 내면에 있는 마음과 영혼의 힘을 현명하게 표현해서 우주의 법칙과 조화를 이루는 데 도움을 주는 것이다. 다시 말해서, 인격을 도야하고 진정한 자기 자신인 경이로운 자아를 발견하는데 도움이 되도록 하는 것이다. 진정한 자기 자신을 발견할 때 자신이 문자 그대로 진정한 신의 아들이요, 지극히 높은 분의 딸이라는 것을 분명히 알게 된다.

인생의 시련을 피할 수 있는 방법은 어디에도 없다. 어떤 수단을 동원해도 운명을 '속일' 수 없다. 또한 어떤 교활한 계략을 쓴다고 해도 이 위대한 우주의 계획을 피할 수 없다.

각각의 생명은 자기 자신의 문제와 어려움을 피할 수 없다. 즉, 각각의 영혼은 극심한 상황을 만나기 마련이고 각자의 마음에 슬픔과 고통이 어김없이 찾아온다. 그러나 어떤 사람도 인생의 큰 갈등에 빠져 어쩔 줄 몰라 할 필요는 없다. 왜냐하면 우주의 생명과 힘과의 일체감이라는 위대한 비밀을 이미 배운 사람은 인생의 풍파가 휘몰아쳐도 끄떡없이 진리라는 난공불락의 반석 위에 세운 도시에 살고 있기 때문이다.

이 짧은 책에는 편안한 삶에 대한 어떤 헛된 약속도 하지 않는다. 헛된 약속을 한다면, 그것은 모든 재난 중에서도 가장 큰 재난이 될 것이기 때문이다. 그것은 소위 말해서 '희망 고문'인 셈이기 때문이다.

따라서 이 책에서는 오히려 각자가 더욱 강해져서 삶이 비교적 쉽게 보이는 '생각의 방법'을 제시하기 위해서 노력했다. 인간의 삶이나 운명은 쉽게 변하거나 더욱 편해지지는 않지만, 개개인의 힘은 변할 수 있고 더욱 강해질 수도 있기 때문이다.

그러므로 이 책에서는 정말로 자신의 인생을 필요 이상으로 힘들고 피곤하게 만드는 것을 피하는 '생각의 방법'을 독자에게 보여준다. 대부분의 사람들이 올바른 정신으로 삶을 받아들이고 우주의 법칙과 조화를 이루어 행동한다면, 그렇게 많은 고통과 고난에 시달리면서 살지는 않을 것이다.

많은 사람들이 이 책을 통해 자신의 인생의 법칙과 목적이 조화를 이루게 되기를 바란다. 그에 따라 많은 불필요한 고난을 피하도록, 즉 마음속에 있는 더욱 위대한 자기 자신을 발견하고, 그 발견을 통해서 절대적인 평안을 실현하도록 이 짧은 책이 도움이 되기를 바란다. 그리고 모두가 내적인 영혼의 힘과 정신의 힘을 표현하고 지혜롭게 사용해서, 그에 따라 삶을 극복하고 거의 무한한 힘에 도달할 수 있기를 간절히 바란다.

CONTENTS

WITHIN YOU IS THE POWER

'우주의 발전소'에 연결해서 일상을 탈출하기

무 한 한 생 명 과 힘

인간은, 다 알고
있는 사실이지만,
무한한 힘을 소유
하 고   있 다 .

 [1]이 힘은 영혼의 힘이고, 따라서 그것은 정복할 수 없는 것

이다. 이 힘은 평범한 생명의 힘이나 유한한 의지의 힘이나 인간

의 마음의 힘이 아니다. 이 힘은 그런 것들을 초월한다. 왜냐하

면, 영적인 존재가 되는 것, 그것은 육체적 또는 심지어 정신적

차원보다 더 높은 차원이기 때문이다. 이 힘은 인간이 그것을 사

**✳ 생각
보태기
한 판**

잠재의식의 힘에 대해서는 다른 장에서 다루고 있다.
영혼의 힘은 잠재의식의 힘보다 훨씬 더 위대하고 완벽하다.

용할 만한 자격을 갖출 정도로 충분히 발전하고 드러닐 때까지 내면에 잠복해 있고 숨어 있다.

사고는
엄청난 잠재능력을 지닌 영혼의 힘이다.
하지만 이것은 소위 우리가 말하는
그런 힘이 아니다.

사고를 통해 인간은 자신을 끌어 올려 우주의 '발전소(Power House)'에 연결할 수 있고, 또는 자신에게 들어오는 성스러운 흐름을 완전히 차단시킬 수 있다. 인간의 생각은 가장 강력한 무기다. 왜냐하면 생각을 통해 인간은 무한한 존재를 끌어당기거나 성스러운 원천으로부터(의식적이지만 실제로는 무의식적으로) 자기 자신을 차단할 수 있기 때문이다.

인간은 마음속에 있는 실제로 진정한 자기 자신인 성스러운

생명의 에너지를 통해서 무한한 존재와 연결된다. 성스러운 생명
과 힘은 인간의 것이다. 만일 그것이 자신에게 속한 것이라는 사
실을 깨닫기만 한다면 말이다. 인간이 모든 생명의 성스러운 원
천과 자신이 하나라는 것을 알지 못하는 한, 실제로 자신의 것인
그 힘을 사용할 수 없다. 그러나 인간이 이 내적인 지식을 알게
되면, 어느 순간 자신이 무한한 힘과 무한한 자원의 소유자임을
알게 된다.

 그런데 이 힘은 신의 것이지만 인간의 것이기도 하다.
그러나 인간이 이 힘을 받기에 적합한 때가 된 후에야 비
로소 분명하게 알 수 있다. 오직 인간이 성스러운 원천과
의 일체감을 깨달을 때에만 그는 성스러운 원천의 힘으
로 가득 차게 된다. 많은 선생들과 비법을 전수받은 사람
들은 오늘날 어떤 비밀이 널리 퍼져나가고 있다는 사실
에 한탄한다. 과거에 엄격하게 비밀로 유지됐던 그 비밀
말이다.

그들은 어리석고 발전하지 못한 사람들이 영적인 힘을 파괴적으로 사용할까봐 우려한다. 내가 보기에 이것은 엄밀하게 보면 사실이 아닌 것 같다. 어떤 것을 성취하고, 어떤 일에 성공할 수 있는 힘이 자기 자신에게 있다고 굳게 믿는 강인한 성격의 사람들은 무의식적으로 '숨은 힘'에 의존한다. 따라서 스스로 동료들보다 더 높은 차원으로 올라갈 수 있는 것은 사실이다. 그러나 비도덕적인 목적을 위해서 영적인 힘을 사용할 수 있는 능력은 한정되어 있고, 이것은 우려할 만한 수준은 아니다. 물론, 세상에는 자신의 힘을 악용하는 사람들도 있지만 말이다.

이 사람들은 소위 말해서 '흑마술사들'이라고 표현할 수 있는 부류인데, 어느 정도 다른 사람들에게 피해를 입힌다. 하지만 그들은 길게 보자면 궁극적으로 몰락하고 무력해진다. 한편, 이 영적인 힘에 관한 지식을 열심히 찾는 것에 자신의 모든 시간을 투자하는 사람들도 있다. 그들은 손에 닿는 대로 무작정 모든 신비로운 책을 읽지만, 열심히 찾는 그 무언가를 결코 발견하지 못한다. 왜냐하면 그런 사람들에겐 계시를 받을 마음의 준비가 될 때까지 진리를 보지 못하도록 마음의 눈을 가리는 영적인 힘과 영향력이 미치기 때문이다.

진리를 찾는 과정에서 인간은 무가치한 것들을 얻으려는 모든 이기적인 노력을 포기하고, 더 큰 우주의 뜻과 대립하고자 하는 아집을 부리지 않을 때 계시를 받을 준비가 비로소 된다. 바로 신과의 일체감이 무엇인지 분명히 알 수 있는 계시 말이다. 때로는 어리석은 사람들이 볼 때, 우주의 뜻에 무조건적으로 따르는 것은 나약한 행동처럼 비춰질지도 모른다. 하지만 우주의 뜻에 따를 때에만 거의 무한한 힘의 에너지를 받게 되는 것이다.

인간은 성스러운 원천,
즉 우주의 힘과 분리되지 않았고
결코 분리된 적도 없었다.

실제로 인간은 무한한 존재인 이 우주와 하나다. 인간이 느끼고 경험하는 분리는 정신적인 분리인데, 이것은 인간의 무지함과 불신 때문이다. 인간은 결코 우주와 분리될 수 없다. 왜냐하면 인간 자신이 우주이기 때문이다. 인간은 하나의 완벽한 전체인 우주에 없어서는 안 될 부분이다.

인간은 살아 있고, 움직이고, 신(우주적이고 어디에나 존재하는 영혼) 안에 있고, 신(영혼)은 인간 속에 있다. 대다수의 사람들은 신과의 이러한 친밀한 관계를 알지 못한다. 그리고 신을 모르기 때문에, 또는 신을 믿는 것을 거부하기 때문에, 그들은 어떤 의미에서, 신의 영적 생활로부터 분리된다.

그러나 이것은 대다수의 사람들이 단지 이 우주와의 영적 에너지로부터 분리됐다고 생각하고 믿는 것이지, 실제로 분리되어 있지 않다.

인간은 분리되지 않고 결코 분리될 수도 없다.

그러나 자신이 분리되었고 혼자라고 믿는 한,

인간은 마치 실제로 그런 것처럼 약하고 무력해질 것이다.

인간은 무한한 존재와의 관계에 대한 진리를 깨닫자마자

나약함에서 강인함으로,

죽음에서 생명으로 거듭나게 된다.

한순간에 멀리 떨어진 사막에서 약하고 분리된 채로 홀로 있다가

다음 순간, 그야말로 자신이 이 우주의 일부분이고,

그로써 특권과 힘이 있다는 것을 깨닫는다.

순식간에 성스러운 원천과 자신이 하나라는 것과

자신이 성스러운 원천으로부터 결코 분리될 수 없다는 것을 깨닫는다.

또한 이 무한한 존재의 모든 힘은 의지할 수 있는 자신의 것이라는 사실을 깨닫는다. 다시 말해서 자신은 정말로 절대 실패할 수 없다는 사실, 즉 자신은 지금 승리를 향해 행진하고 있다는 사실을 깨닫는다.

따라서 이것은 인간의 사고의 힘이 얼마나 위대한지 보여줄 것이다.

생각은 영혼의 힘이 아니다.

하지만 그것은 인간이 자기 자신을 이 우주의 무한한 힘에 연결해서

자기 자신을 성스러운 흐름에 열기 위해서

또는 자기 자신을 영적인 원천으로부터 차단시키고 분리시키기 위해서 사용하는 힘이다.

따라서 어떤 의미에서 인간은 자신이 생각하는 대로 된다.

자신이 신, 즉 우주로부터 분리되어 있고

우주의 힘을 차단한다고 생각한다면,

실제로 그런 것처럼 우주로부터 분리되고 차단된다.

그리고 마치 실제로 신, 즉 우주로부터 떨어져 존재하는 것처럼 무력하고 비참해진다.

다른 한편으로, 자신이 무한한 존재와 하나라고 생각하고 믿는다면

그는 영광스럽게도 그것이 사실이라는 것과

자신이 정말로 우주의 한 부분이라는 것을 알게 된다.

만일 자신이 단지 물질적인 존재라고 믿고 생각한다면, 그는

물질적인 존재처럼 제한적으로 살고 결코 그것을 초월해서 살 수 없다. 그러나 그와 반대로 자신이 영적인 존재라고 생각하고 믿는다면, 그는 영적인 존재가 갖는 모든 힘을 소유한다는 것을 알게 된다.

다시 말해, 자신이 할 일이 힘들고 감당할 수 없다고 생각한다면 그 일이 정말로 힘들고 자신의 능력 밖의 일이라는 것을 알게 된다.

그러나 그와 반대로 자신의 일이 쉽거나 어쨌든 그 일을 할 수 있다고 믿는다면

그 일이 정말로 쉽고 자신이 그 일을 쉽게 해낼 수 있다는 사실을 깨닫게 된다.

인간은 마음속에 있는 성스러운 불꽃을 통해서 신성한 에너지에 연결이 된다. 그리고 잠재적으로 우주의 일원이 되는 과정에 들어간다.

인간은 성스러운 세계 속으로 들어가기 전에 반드시 내면에

내면에 있는 힘은 무한한 힘이다.
왜냐하면 그 힘을 믿음으로써 인간은
즉각적으로 우주의 영적인 힘과
'결합'되기 때문이다.

변화가 일어난다. 그는 육체, 즉 물질적인 존재에 따라 생각하는 대신, 영혼, 즉 영적인 존재에 따라 생각하는 방법을 분명히 배울 것이다.

그는 탕자처럼, 반드시 '정신을 차리고' 멀리 타국에서 돼지가 먹는 쥐엄 열매와 자신이 치던 돼지를 버리고 충분히 먹을 양식 (생명)이 있는 아버지의 집(우주)으로 돌아갈 것이다.

'인생은 역설이다'라는 진실을 마주하기

인 생 의   어 려 움   극 복 하 기

인생의 진정한 목적은 인간은 '경험을 통해서' 지혜를 얻어야 한다는 것이다. 인생의 어려움에 굴복하면 인생의 진정한 목적을 이룰 수 없다. 인생의 고난을 극복함으로써만 인생의 목표를 성취할 수 있다.

 인생의 전투에서 실패하는 사람들이 아니라,
그 전투에서 '이기는' 사람들에게
우주의 약속은 보장된다.

인간에게 편안하고 영원히 행복하게 살 것이라고 보장해 주는 약속도 없다. 그런데도 대다수의 사람들은 평생 편안하고 영원히 행복한 삶을 갈망한다. 다시 말해서, 사람들은 편안하게 살고, 즐거운 시간을 보내고, 고난과 걱정에서 해방되기를 간절히 원한다. 그러나 열심히 노력하는 데도 그들은 바라는 것을 결코 찾을 수 없다. 그들의 기쁨 속에는 항상 부족한 것이 있다. 진정한 행복을 빼앗는 무엇인가가 있다. 또는 주변 상황이 서로 맞물려 모든 계획이 무너질지도 모른다.

인생은 역설이다.

인 생 의 진 정 한 목 적 은 행 복 을 획 득 하 는 것 이 아 니 지 만,
인 생 의 진 정 한 목 적 을 획 득 하 면 행 복 을 발 견 한 다.

인생의 진정한 목적을 모른 채, 날마다 여기저기를 다니며 행복을 찾고자 하는 사람들은 행복을 발견하지 못한다. 왜냐하면 이룰 수 없는 소망처럼 행복이 그들을 교묘히 피해가기 때문이다. 이와 반대로, 인생의 진정한 목적을 인식하고, 그 목적에 따라 사는 사람들은 열심히 추구하지 않아도 행복이 저절로 찾아온다.

과거에 사람들은
신(神)을 자신들의 편의대로 이용했다.

그들은 신의 어떤 규율도 배우지도 않고, 인생을 마음대로 살다가 곤경에 처하거나 상황이 바라는 대로 되지 않을 때 신에게 불쾌한 상황을 제거해 달라고 기도하면 된다고 생각했다. 오늘날 대부분의 사람들도 이렇게 생각한다.

오늘날 사람들은 기도를 함으로써 신의 비위를 맞출 수 있다고 믿지는 않지만, 보이지 않는 존재에게 원하는 것을 요구하면 받을 수 있다고 굳게 믿는다. 결국 그들은 이런 방법으로 자기 마음대로 할 수 있다고 생각한다. 이런 방식으로 사람들은 어떤 불쾌한 경험과 고난, 그리고 어려움 없이 즐겁게 살려고 한다.

그러나 이것은 단지 허황된 꿈을 좇는 것이나 마찬가지다.

그들이 끊임없이 추구하는 편안한 삶은

그들을 교묘하게 피해간다. 왜냐하면 그런 삶은 없기 때문이다.

오직 편안한 삶은 이미 어려움을 극복한

강인한 영혼을 지닌 사람의 몫이다.

그는 실제로 편하게 살지 않지만,

그의 힘 때문에 비교적 편안하게 사는 것처럼 보인다.

편하게 살기란 불가능하지만 그렇게 살 수 있다면, 인생은 살 만한 가치가 없을 것이다. 왜냐하면 인생의 단 하나의 목적은 인격을 도야하는 것이고, 경험을 통해서 지혜를 얻는 것이기 때문이다. 모든 사람들에게 있어서 인생은 언제나 어려움으로 가득 차 있기 마련이다. 그래서 지금까지 살면서 삶이 너무 힘들다는 것을 알게 된 사람들을 도와주려고 이 책을 쓰기로 마음먹은 것이다.

대다수의 사람들이 추구하는 것은 (결코 발견하지 못하겠지만, 정확히 말하면 발견하게 될) 편안한 삶이고, 이에 관해서 그들에게 해 줄 말이 없다. 그러나 진리가 어디에서 왔든지 간에 그것을 추구하고, 인생과 그 어려움에 힘없이 굴복하는 대신 간절히 극복하고 싶어 하는 현명하고 각성한 영혼들에게 이 책이 교훈을 주기를 바란다.

이 단계에서는 우리가 이 세상에서 불행과 역경을 겪어야 하는 이유나, 겉으로 보기에 어떤 사람들이 다른 사람들보다 더욱 평탄한 삶을 살아야 하는 이유에 관한 주제를 논의할 수 없다. [2] 그러므로 우리는 인생의 어려움을 겪고 그 어려움을 극복해야 한다는 것과, 오직 그렇게 함으로써만이 지혜를 획득하고 인격을 도야할 수 있다는 사실을 아는 것으로 만족해야 한다. 그렇다면 중요한 것은 우리가 삶의 역경을 '겪을 것인지, 겪지 않을 것인지'가 아니고 '어떻게' 겪을 것인가이다.

승리할 것인가, 아니면 침몰할 것인가?
인생의 어려움을 극복할 것인가,
아니면 어려움에 굴복할 것인가?

이 주제는 저자의 또 다른 저서인 『The Path of Victory』에서 다루고 있고,
이 책은 The Science of Thought Press 사에서 출판했다.

대다수의 사람들은 인생이라는 바다에서 표류하는 사람들이다. 그들은 여기저기로 떠다니고 날아다닌다. 또한 해류가 생길 때마다 여기저기로 흘러간다. 자신의 내부에 무한한 존재의 힘이 있고, 그 힘으로 모든 어려움을 초월하고, 자신의 나약함을 극복하며, 다양한 경험을 통해서 지혜를 얻을 수 있다는 사실을 깨닫는 사람은 거의 없다.

이 시점에서 다소 현실적인 독자는 지혜를 얻는 것은 매우 좋은 일이겠지만, 그가 원하는 것은 실제적인 도움이라고 말할 것이다.

그는 아마도 실직했고, 혹은 아파서 집에 있으며, 빚을 지고 있는 상태일지도 모른다. 아니면, 부유한데도 가장 심각한 괴로움과 고통 속에 잠겨 있을지도 모른다.

그런 모든 사람들에게 어려움을 극복하고, 그 극복을 통해서 지혜를 얻을 수 있는 힘을 그들이 소유하고 있다고 말해주고 싶다.

인간의 성공은 무엇보다도 믿음, 인생의 선한 목적에 대한 믿음에 달려 있다. 즉, 자기 내부에 있는 무한한 존재의 힘과 함께 살면서 부딪히는 모든 장애를 극복할 수 있는 능력이 자신에게 있다는 것을 믿는 마음 말이다.

인간이 살면서 발휘할 수 있는
힘의 크기는 자기 마음의 힘을 믿는 믿음이
어느 정도냐에 따라 달라진다.

그 힘에 대한 믿음이 작으면, 그는 나약하고 성취한 것도 부족한 삶을 살 것이다. 자신의 내부에 있는 힘을 믿는 믿음이 크면, 그의 삶에 엄청난 힘이 나타날 것이다. 무한한 존재의 힘은 끝이 없고 무궁무진하다. 오직 그 힘에 대한 지칠 줄 모르는 신뢰만이 필요하다.

❋　　가장 나약하고 소심한 사람들이 이 힘을 사용할 수 있다. 용감하고 강인한 사람들의 내면에 그 힘이 있는 것처럼, 소심하고 나약한 사람들의 내면에도 똑같은 힘이 있다. 다만, 소심하고 나약한 사람들은 내면에 있는 이 무한한 힘에 대한 믿음과 신념이 부족하기 때문에 나약할 뿐이다.

　　모든 사람들은 살면서 어려움과 고통을 겪을 것이고, 때로는 엄청난 재난이나 큰 슬픔을 겪기도 한다. 그러나 땅이 발밑으로 꺼지는 것 같은 어려움이 닥칠 때에도 자신의 내부에 있는 그 힘을 이용할 수 있다.

❋　　그래서 무너진 폐허 속에서 오랫동안 간직해온 소망이 되살아나게 된다. 그리고 그 경험을 통해서 그 사람은 더욱 강인해지고 '더욱 위대해'질 수 있다. 행복과 진정한 성공은 인생의 고통과 어려움을 어떻게 겪느냐에 달려 있다.

'모든' 사람들에게 역경은 불어 닥치기 마련이다. 그러나 올바른 방식으로 그 역경을 겪는다면 실패조차도 성공의 발판으로 삼을 수 있다.

모든 사람들이 고통을 겪지만, 어떤 사람들은 그 고통으로 인해서 모든 면에서 더욱 강인해지고 더욱 나아진다. 반면에, 다른 사람들은 고통으로 인해 좌절해서 결코 다시는 일어나지 못한다. 고통도 마찬가지다. 그 고통을 어떻게 겪느냐에 따라 결과는 달라진다.

유한한 마음과 불성실한 성격과 같은 나약한 상태에서 역경을 겪는 사람들은 삶에 불어 닥친 폭풍우 속으로 순식간에 휘말리고 파괴된다. 그러나 자기 내부에 있는 힘을 의지하고 믿는 사람들은 결코 휘말릴 수 없고 무너질 수도 없다. 그 힘은 무한한 것이고, 얼마나 많이 필요한지에 상관없이 항상 충분히 있다.

자기 자신의 진정한 영적 일체감을 깨닫는 사람은 결코 자신이 죽을 수 없고, 결코 패배할 수 없으며, 절대 진실로 실패할 수 없다는 것을 안다.

사람은

죽음이라고 하는 변화를 통해서

육체를 잃을지도 모르지만,

진인(眞人)은 결코 죽을 수 없다.

또한 수천 번 좌절한다 해도 결코 실패할 수 없다 — 그는 '반드시' 다시 일어난다.

당신 내부에 있는 힘을 믿기만 하라. 그러면 극복과 성취감의 모든 기쁨을 알 수 있다. 모든 것들이 당신의 것이 될 것이다. 먼저 당신 내부의 무한한 존재와의 영적인 결합과 성스러운 의지와 조화를 구하라. 그러면 이 모든 것이 당신에게 더해질 것이다.

당신은 내일 일을 염려할 필요가 없다.

왜냐하면 필요한 모든 것들이 이미 마련되어 있다는 것을 알 것이기 때문이다.

당신은 부(富)를 쌓을 필요가 없을 것이다.

왜냐하면 그날그날 사용할 수 있는 필요한 양식이 항상 있을 것이기 때문이다.

당신은 병원 근처에 살 필요도 없을 것이다.

왜냐하면 무한한 생명인 우주의 에너지가 당신의 건강이 될 것이기 때문이다.

당신은 후회하거나 한탄할 필요도 없을 것이다.

왜냐하면 모든 것이 잘될 것이라는 사실을 알기 때문이다.

당신은 미래에 일어날 일을 염려할 필요가 없을 것이다.

왜냐하면 무한한 존재는 실수가 없다는 진리를 깨달을 것이기 때문이다.

공기처럼 자유로운 운명의 정체를 알기

운 명 이 냐 , 자 유 의 지 냐 ?

과거에 '운명 대 자유 의지'라는 이론이 있었고, 이렇게 의견이 분분한 주제에 관한 논쟁은 지금까지도 끊임없이 계속되고 있다.

한편에서 운명주의자들은 인간이 운명의 수레바퀴에 매우 단단히 묶여 있어서, 그를 위해 계획된 인생 이외에 다른 식으로 사는 것이 불가능하다고 주장한다.

운명론자는 자신의 주장을 옹호하며 수많은 최고의 증거를 제시하고, 온 마음을 다해서 자신의 이론을 믿는다. 다른 한편으로, 자유의지를 지지하는 사람은, 인간이 전혀 운명에 묶여 있지 않고, 마치 공기처럼 자유롭다는 것을 굳게 믿는다. 자유주의자 또한 자신의 신념을 확고하게 해주는 이론을 지지하며, 많은 증거를 제시할 수 있다.

운명주의자와 자유 의지 옹호자는 각자 상대의 이론이 틀렸다고 생각하지만, 둘 다 틀릴 수는 없다! 그러므로 우리 스스로 이 주제에 대해 살펴 보자. 왜냐하면 이 주제는 중요한 것이고, 이 책에서 논의하는 주제와 밀접한 관계가 있기 때문이다.

결론부터 말하자면 무엇보다도
두 이론 모두 부분적으로 틀리고, 부분적으로는 맞다.
인간은 운명의 수레바퀴에 묶여 있지만, 동시에 자유 의지도 있다.
그러므로 역설처럼 보이는 이 말을 설명해 보겠다.

인간은 진화되지 않을 때
그리고 '발전하기' 전에
운명의 수레바퀴에 매우 단단히 묶여 있다는 것이
내적인 가르침에 관한 고대의 진리다.

진화되지 않은 인간은 자신의 욕망에 따라 산다.

따라서 자유로워질 수 없는 미래를 스스로 만든다.

그러나 인간이 더욱 더 진화되고 자주적인 사람이 될 때,

그는 자신의 욕망을 따라 살려고 하지 않는다.

대신, 고차원적인 것들을 따라가려고 노력하기 시작한다.

이런 과정을 통해 인간은 더 나은 미래를 창조한다.

따라서 이전의 노예 상태에 비해서 자유로워진다.

인간이 이 땅의 욕망에 노예가 되는 한, 그는 '운명의 노예'이다. 그러나 인간은 저차원적인 것들을 극복하고, 그에 따라 고차원적인 것들을 향해서 일어날 자유가 있다. 이렇게 할 때, 인간은 자기 자신의 고통스러운 미래를 만드는 것을 멈추고 자유로워진다.

따라서 인간은 스스로 창조하는 운명이 있다. 더 깊이 논의하기 전에, 이 점을 우선 마음으로 받아들여야 한다.

인생의 경험이 풍부하지 않거나, 꼼꼼한 관찰자가 아닌 사람은 스스로 창조한 운명이 있다는 것을 부인할지도 모른다.

하지만 살면서 인생의 큰 변화를 겪고, 그 변화에 맞서 싸우고 몸부림쳤지만, 허무하게 끝난 경험을 맛본 사람은 자신의 삶에 일어나는 모든 사건의 배후에는 무언가가 있다는 것을 깨닫는다. 바로 위대한 왕들과 강력한 사람조차도 무력하게 만드는 어떤 목적이 있다는 사실 말이다.

이것을 비유적으로 말하자면, 인간은 살면서 온갖 노력을 다할 때가 온다. 위협적인 재난을 피하기 위해서 더 이상 기원할 수 없을 때까지 기도한다. 또한 돈과, 건강, 그리고 성공을 위해 모든 것을 바칠지도 모른다. 그러나 인간의 힘으로 할 수 있는 모든 것을 하려고 시도해보지만, 헛되이 끝나고 만다.

이런 모든 노력에도
가혹한 운명의 행진을 멈추게 할 수는 없다.

매정한 운명에 매달리며 울부짖더라도 말이다. 운명은 거대한 괴물처럼 앞으로 나아간다. 그리고 인간의 희망을, 그의 가장 사랑하는 우상을, 혹은 바로 그의 인생 자체를, 즉 인생을 살 만한 가치가 있게 만드는 모든 것을 부수어 버리고 인간을 고독하게 만든다.

"운명이 너무 가혹하고, 너무나 강력하다면
우리는 무엇을 할 수 있고,
자유 의지는 어디에서 그 문제에 개입하는가?"

어떤 사람은 이런 질문을 할지도 모른다. 여기에 대한 대답을 해보자면, 운명에 맞서 싸우는 것은 소용이 없다는 것을 즉시 인정해야 한다는 것이다.

운명과 더 많이 싸우면 싸울수록
인간은 더 많이 망가진다.

사람마다 인생에서 반드시 겪어야 할 어떤 중요한 사건들이 있다. 이 사건들과 변화들은 불가피한 것이고, 그것에 대항해서 싸우는 것은 가망이 없는 일이다. 그런 것들이 우리가 '운명'이라고 부르는 것을 구성하는데, 그것은 필연적인 것이다. 따라서 피할 수도 없는 것이다.

반면에, 이런 역경과 재난을 어떻게 겪느냐는 우리 자신에게 달려 있다. 우리가 그 역경과 재난을 올바르지 않은 방법으로 겪는다면 우리는 부서질 것이다. 그러나 우리가 올바른 방법으로 겪는다면 시련과 경험을 통해서 더욱 강해진다.

그에 따라 인생의 책임을 지고 어려움과 시험을 극복하는 데에 더욱 적합한 사람이 된다. 패배, 큰 슬픔, 사별, 그리고 인생의 큰 불행을 올바른 영혼의 상태에서 겪는 사람은 강하고 훌륭한 사람이 된다. 그는 경험을 통해서 원숙해지고, 만나는 모든 사람들에게 강력하고 신뢰할 수 있고 유익한 영향을 준다.

상황이 순조롭게 흘러가고 인생이 즐거울 때에는 어떤 철학이나 종교도 필요가 없는 것처럼 보인다. 그리고 '마음속의 힘'에 대해서 말하면, "그 힘이 어떤 존재이든지, 우리는 그 힘이 없어도 매우 잘 살 수 있다"라고 대답할 것이다.

지각이 없고 미숙한 사람들은 이렇게 말하지만, 살면서 절망의 먼지와 잿더미 가운데에서 단 한 번도 길을 잃지 않는 사람은 없다. 따라서 자신의 좌절한 영혼을 살리기 위해서 매우 건전하고 필수적인 철학은 필요하다. 뿐만 아니라, 유한한 인간은 정체를 알 수 없는 힘도 필요한 때가 반드시 오게 마련이다.

　고통과 역경을 올바른 영혼의 상태 속에서 겪기 위해서 노력하는 것과, 그렇게 할 수 있는 힘이 있는 것은 전혀 다른 이야기다. 자신의 내면에는 힘이 없지만, 모든 힘이 그 상황 속에 있다고 생각하는 사람은 결코 자신의 문제를 극복해낼 수 없다. 또한 그 어려움을 딛고 일어나 인생의 승리자가 될 수 없다.

　그러나 자신을 일으켜 세울 수 있는 놀라운 힘을 자신이 소유하고 있다는 것을 깨달은 사람은 부서질지라도 결코 인생의 실패자가 될 수 없다. 자신에게 무슨 일이 일어날지라도 씩씩하게 행동하고 고결한 역할을 할 것이다. 그는 인생의 폐허 속에서 일어나 새롭게 자신의 인생을 보다 아름답고 웅장하게 세울 것이다.

이 단계에서 '거대한 운명'과 인생의 상황 사이의 차이점이 있다는 것을 지적할 필요가 있다. 때때로 '거대한 운명'이라고 불리는 운명은 현생보다 앞서는데, 그것의 원인은 이 책의 범위 밖에 있다.

[3]살면서 우리는 뿌리는 대로 거둔다. 따라서 우리의 미래는 인생과 인생의 어려움을 '지금' 어떻게 겪느냐에 달려 있다고 말해도 과언이 아니다. 거대한 운명은 전지전능한 법칙의 작용이기 때문에 그것과 싸워서 이길 수는 없다. 하지만 일반적으로 우리의 인생과 그 인생의 상황은 우리가 '거대한 운명'을 어떻게 겪

모든 생각과 행동이 쌓여서 형성되는 '운명'이나 '미래' 이외에도
모든 진화의 배후에는 거대한 계획이 있다.
무한한 우주의 거대한 개념으로부터 가장 작은 전자에 이르기까지 모든 것을 포함하는
이 놀라운 계획은 고금을 통해서 완전히 정확하게 실행되고 있다.
이 계획이 나타나는 것을 막을 수 있는 것은 아무것도 없다. 이 계획은 우리의 과거를 모아서,
우리의 현재의 삶 속에 짜 넣고, 이와 똑같은 방식으로 우리의 현재의 삶을 부지런히 모아서
그것을 미래의 운명에 짜 넣는다.
어쨌든 이 계획은 완전한 기술로 모든 것을 큰 계획에 넣는다.
이 계획은 반드시 따라온다(이것도 운명이다).
그러나 그 계획을 기꺼이 또는 행복하게 따라갈지, 또는 저항하고 비통해 하면서 따라갈지,
그 따라가는 방법은 우리에게 달려 있다(이것이 자유 의지다).

고, 그 운명에서 어떻게 회복하느냐에 달려 있다.

겉으로 보기에 '운명'이 아무리 냉정하게 보일지라도 인생을 아름다운 것으로 만드는 것은 가능하다. 내면의 힘에 고무되고 힘을 얻을 때, 우리는 소멸된 희망의 잿더미에서 일어나 보다 아름답고 성스러운 이상과 더욱 조화를 이루는 삶을 새롭게 얻을 수 있다.

오컬트 사이언스를 공부한 사람들은
다음과 같이 말할 지도 모른다.
"행성의 영향은 어떠한가?"

그들은 고대의 점성학에 따라 인간의 삶은 자기가 태어난 '별자리'에 의해서 결정된다는 것을 지적할 것이다. 이것은 인간이 살면서 주변에서 미치는 영향에 굴복한다면 맞는 말이다.

인간은 삶의 여러 시기에 때때로 '좋은' 영향을 받을 때가 있고, 다른 때에는 그 반대의 영향을 받을 때가 있다. 그러나 이런 영향은, 결국 그저 영향일 뿐이다. 또한 시련을 겪는 동안에 역경을 헤쳐 나가기 위해서 굳건히 버티고, 내면의 위대한 힘에 의지하면서 굴복하려 하지 않는 사람은, 인생의 모든 풍파를 뚫고 나갈 수 있다. 그래서 그 시련을 통해서 매우 강해질 수 있다는 것을 알게 될 것이다.

살면서 이런 영향이 다가오는 것을 막을 수는 없지만, 그것을 초월할 수는 있다. 그는 실패와 좌절을 겪지만 이것을 성공의 발판으로 삼을 수 있다. 그는 큰 슬픔과 사별을 당할 것이다. 그러나 이러한 시련들을 통해서 더욱 훌륭한 인격을 도야하고, 더 높은 수준으로 올라갈 것이다.

반면에, 이런 인생의 고통들에 굴복하고, 다시 일어나서 인생을 재구성하지 않으려고 하는 사람은 결국 자기 자신을 더욱 큰 고통에 처하게 한다. 그리고 자신의 인생을 완전히 파괴시킨다.

절망한 사람들에겐 용기를 내라고 말해 주고 싶다. 단순히 그냥 하는 위로의 말이 아니다. 많은 현명한 사람들이 직접 인생에서 겪고 나서 남긴 삶의 발자국들이다.

당신의 내면에 있는 힘을 믿어라. 그러면 당신은 꿈에도 생각하지 못한 높은 수준으로 올라갈 것이다. 당신을 돕는 이 힘으로 분명히 불가능한 일도 해낼 수 있다.

이 세상에서 우리의 삶은 이랬다저랬다 하거나, 어떤 사람은 좋아하고, 또 어떤 다른 사람은 괴롭히는, 예측할 수 없는 존재에 의해서 좌우된다.

그러나 알고 보면, 최고의 존재는 절대적으로 공정하고 변하지 않는 법칙을 통해서 일한다.

따라서 인생의 모든 재난과 어려움은 어떤 원인들의 결과이다. 이런 원인들은 과거에 우리가 했던 잘못된 행동인데, 이 행동은 인간의 힘과 기지와 지혜를 무력하게 만드는 힘을 작용시키는 도화선이다.

[4]그러나 우주의 기본적인 법칙은 사랑이기 때문에, 인과의 법칙의 작용은 보복적이지 않다고 말할 수 있다. 그 법칙의 목적은 우리의 최고의 선, 즉 우리와 성스러운 존재와 결합하게 하거나, 무한한 존재와 하나가 되게 하는 것이다. 따라서 한층 높은 수준으로 올라가고, 성스러운 존재와 더욱 조화와 일치를 이룸으로써 우리는 뭔가 거대한 운명에서 힘을 빼앗는다.

또 다른 원인은 사람이 어떤 교훈을 배우지 못했다는 것이다.
그러므로 이번 생(生)에서는 꼭 필요한 교훈을 배우게 하기 위해서
고통스러운 경험이 그런 식으로 가해진다. 그러나 오직 고통스럽거나 불쾌한 경험을
올바른 방법으로 겪는다면 삶의 교훈을 배우게 된다.
인간은 자신이 운명에 의해 부당한 대우를 받고 있고 인생이 배분해 주는 것을
받을 '자격이' 없다고 믿는 한, 그는 살면서 배워야 할 교훈을 배우지 못한 채
현재와 이후까지도 자신의 고통을 심화시킨다.
그러나 인간이 인생은 공정하고, 자신의 모든 고통의 원인은 마음속에 있다는 것을 깨닫고 인정할 때,
그는 탕자처럼 정신을 차리고 머지않아 집으로 가는 여행을 시작한다. 그러나 또 다른 이유는,
사람마다 성격에 있어서 결함이 있다는 것이다.
사람은 고통과 어려움을 겪음으로써 견실하고 착실한 성격을 기를 수 있다.
또한 고통과 어려움을 올바른 영혼의 상태에서 겪어야 한다는 것을 지적할 필요가 있다.

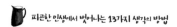

우리는 운명과 겨룰 수 없다.
왜냐하면 그렇게 하는 것은
전능한 신과 싸우는 것이기 때문이다.
그러나 우리가 기꺼이 그리고 자진해서 싸우면 그것을,
경험을 통해서 배우게 되는 바로 그것을
'미연에 방지할' 수 있다.

그러면 우리의 미래는 이번 생에서 우리가 생각하고 행동하는 방식에 따라 완전히 결정된다는 것을 알게 될 것이다. 우리의 미래는 우리 자신의 손에 달려 있다. 이번 생에서 우리가 사랑의 법칙을 어긴다면, 우리는 미래에 재난과 고난을 만들게 될 것이다.

이 재난과 고난은 언젠가 반드시 고통스러운 존재인 '거대한 운명'의 형태로 겪게 될 것이다. 따라서 이제 올바른 생각과 행동으로 우리는 이번 생에서 상황을 개선할 뿐만 아니라, 우리가 이제까지 경험했던 어떤 것보다 더욱 조화롭고 자유롭게 될 미래를 창조한다.

또한 이번 생에서조차도 몇 가지 큰 재난은 사는 동안에 저지른 생각들과 행동들의 결과라는 것을 지적할 필요가 있다. 어떤 청년은 나중에 끔찍한 징벌을 초래하는 어리석은 일을 저지를 수 있다.

다시 말해서, 그는 다른 사람에게 몹시 고통스러운 잘못을 저지를 수 있다. 그리고 몇 년 후에 다른 누군가가 똑같은 잘못을 그에게 저지른다는 것이다. 이 땅에는 '눈에는 눈, 이에는 이'라는 인과응보의 법칙이 있다. 하지만 위대한 길잡이의 사랑의 힘에 대한 가르침으로, 우리는 이런 저차원적인 수준을 떨치고 일어나서 조화롭고 평화롭게 살 수 있다.

운명의 수레바퀴에 묶이지 않는 방법을 찾기

원 인 과   결 과

인간은 자신의 인생에서 일어나는 재난의 원인, 바로 그 자체이다. 인간은 살면서 자기가 뿌린 대로 정확히 거둔다. 인생은 완벽하게 공정하고, 인간이 저마다 한 일에 따라 보답한다. 현재의 운명은 먼 과거에 그가 뿌린 것을 거두는 것일지도 모른다.

인생의 재난과 고난을, 예측할 수 없고 불합리한 신의 방해 탓으로 돌려서는 안 된다. 왜냐하면 진실은 하나이기 때문이다. 바로 그런 재난과 고난이 나에게 닥치는 이유는 완벽하게 공정한 법칙의 정확한 작용이기 때문이라는 사실이다.

운명은, 일단 정해지면, 변경될 수 없다. 싸울 수도 피할 수도 없다. 운명에 맞서 싸우면 인간은 산산조각이 날 뿐이다. 그렇게 하는 것은 달려가서 절벽에 머리를 부딪치는 것과 똑같다. 더 세게 부딪히면 부딪칠수록 머리의 상처는 더욱 커진다. 그러나 절벽은 아무렇지도 않다.

운명은 주로 자기 자신이 만드는 것이지만, 실제로 인생의 성스러운 목적이다. 따라서 운명에 저항하는 것은 신, 즉 이 우주의 전체 흐름에 역행하는 것이다. 게다가 운명은 어떤 보복적인 의미에서의 형벌이 아니다. 그것은 자신을 개선할 수 있는 어떤 경험들을 한데 모으는 일련의 과정이다. 그런 경험을 통해서 인간은 과거에 배우지 못한 교훈을 배우고, 그에 따라 지혜를 얻을 수 있다. 운명의 목적은 비록 그것이 고난과 고통스러운 경험을 수반할지라도 개개인에겐 최고의 선인 셈이다.

인간의 삶에 일어나는 재난들은
과거의 잘못된 행동 때문에 일어나는 것이기 때문에,
그의 미래는 당연히 현재 그가 살고 있는 삶의 종류에
좌우된다고 말할 수 있다.

과거에 그가 스스로 연속적인 사건들과 경험들을 만들어냈고,
그것들을 피하는 것이 불가능하다면 그의 미래의 삶은 분명히
그가 현재 어떻게 사는가에 전적으로 달려 있다.

인간이 현재 삶의 교훈을 배울 수 있다면,
그리고 미래에 고통을 만들어 내는 것을 그만두기 위해서 삶
의 교훈을 배우면서 산다면
그는 '자유의 길'로 올라가기 시작할 것이다.

그 길은
모든 진화한 사람들이
따라가야 하는
또는
오히려 따라갈
특권이 있는
길이다.

이렇게 살면 인간은
운명의 수레바퀴에 묶이지 않는다.

이 짧은 책에서는 환생을 다루지는 않는다. 하지만 이 책에 나
오는 가르침은 실제로 인간이 신성한 불길에서 나온 신성한 불
꽃인 영적인 존재라는 믿음에 기초를 두고 있다. 불멸의 영적인
존재는 시작도 끝도 없다. 따라서 항상 존재한다.

이 현재의 삶은 셀 수 없이 많은 경험들 가운데 하나이고,
각각의 경험을 통해서 인격을 도야하는 데 도움이 된다.
죽음은 없다. 다만, 한 매개체에서
다른 매개물로 변하는 것뿐이다.

실제로 시작이나 끝이나 시간도 없다.
이런 것들은 인간의 정신을 제한하는 것에 지나지 않는다.

인간이 죽는 것은 불가능하다. 단지, 자신의 몸을 떠날 수 있을 뿐이다. 인간은 자기 자신을 죽일 수 없다. 즉, 어떻게 죽을지 시도할 수 없다. 억지로 자기 자신을 몸 밖으로 나오게 할 수 있을 뿐이다. 인간은 좋든 싫든 항상 계속 살아야 한다. 즉, 살면서 자신이 뿌린 대로 정확히 거두면서 계속 살아간다.

인간은 운명을 피하거나,
운명과 싸워서 이길 수 없다.

하지만 성스러운 법칙과 조화를 이루어 살면, 운명의 수레바퀴에서 자유로울 수 있다는 것을 이미 알았다.

[5]이 시점에서 대부분의 인간의 고통은 운명에 의해 전혀 발생되지 않지만, 위대한 계획에 맞서 싸우거나 저항하려고 애쓰기 때문에 일어난다는 것을 지적할 필요가 있다. 삶의 고통을 경험하려고 하지 않거나, 삶의 시련을 피하려고 시도하면 고통과 어

려움은 반복될 것이다. 그리고 교훈을 배우고 그에 따라 인생이 변할 때까지 더욱 고통스럽게 계속될 것이다.

따라서 인간에게는 단지 오늘날 성스러운 법칙과 조화를 이루며 살면서 훨씬 더 멋진 미래를 창조할 수 있다. 그뿐만 아니라, 현재의 삶을 크게 개선할 만한 힘이 있다. 게다가 모든 생각과 행동이 광범위하고, '즉각적인' 영향을 미친다는 것을 지적할 필요가 있다.

이것은 모든 심원한 가르침의 속에 감춰둔 비밀이다.
새로운 탄생 또는 신생은 의식적인 불멸에 대한 인간의 깨달음을 의미한다.
인간은 이기적인 욕망을 따름으로써 자신을 계속 운명의 수레바퀴에 다시 묶는다.
인간은 이 사실 때문에 결코 자유로울 수 없다.
그래서 운명의 수레바퀴와 원인과 결과라는 차원에 묶였던 예전의 자아는 죽고,
새로운 자아가 태어난다.
다시 말해서, 죄와 죽음, 음란과 욕망, 제한과 속박이라는 차원으로부터 의식이 되살아나서
영혼이라는 더 높은 차원으로 올라간다.
그 차원에서 인간은 자신이 '우주의 일부분'이라는 사실을 깨닫는다.
또한 그는 내면에 있는 신성한 불꽃이 자신의 '참된 자아'라는 것을 발견한다.
그리고 그는 자신이 항상 진정한 영적 자아 속에서 살아왔다는 것을 깨닫는다.
변화와 쇠퇴처럼 시작과 끝은 완전히 물질계에 속해 있고 현실에서는 존재하지 않는다.
시작과 끝은 현재의 3차원의 존재의 일부분을 형성하지만, 현실감이 없다.
무한한 존재가 현실이다. 무한한 존재 이외의 어떤 것은 환영일 뿐이다.
그러므로 환생의 이론이나 우리가 겪는 모든 경험이 이 차원에서 꼭 발생한다는 것을
반드시 믿을 필요는 없다.
우리는 결코 죽을 수 없고, 우리 자신으로부터 달아날 수 없다.
그래서 성스러운 원천과 다시 한 번 하나가 되기 위해서 온 마음을 다해 열심히 추구해야 한다.
만일 이것을 소홀히 한다면, 우리의 고난만 연장될 뿐이라는 것을 아는 것으로 충분하다.

이 행성에서의 짧은 여정이 모두 끝날 때에야 비로소
이번 생의 모든 결과를 거두는 것은 사실이다.
하지만 그럼에도 불구하고 현재 삶에서도 큰 차이를 초래한다.

어떤 젊은이가 기회를 이용하거나 놓치는 방식은 곧 성인이
됐을 때 대부분 경력을 쌓거나 경력을 망치게 하는 똑같은 결과
를 초래한다. 기회는 일단 지나가게 놔두면 다시 잡을 수 없다.
우리가 다른 사람들에게 죄를 저지르고 잘못된 일을 하면, 나중
에 거꾸로 그들이 우리에게 죄를 범하고, 잘못된 일을 행하는 불
쾌한 일이 벌어진다.

예를 들어, 사람은 성공할 수 있고 자신의 이기적인 출세 욕구
로 자신보다 약한 사람을 짓밟고 파멸시키며 절망에 빠지게 할
수 있다. 하지만 몇 년 후에 그는 자신보다 더욱 강하고 유리한
위치에 있는 누군가에게 정확히 똑같은 일을 당할지도 모른다.

따라서 이번 생에서는 뿌리고 거두면 즉각적으로 결실을 맺는

다. '즉각적인'이라는 말은 이번 생의 범위 내에서를 의미한다. 거두는 것은 십 년이나 이십 년까지 늦춰질 수 있지만, 나의 경험으로 볼 때 빈번하게 일어나곤 한다.

사람이 무엇을 심든지,
그대로 거두리라.

그러므로 삶이 공정하지 않다고 생각하고, 자신이 대우받는 방식에 푸념하고 불평하는 사람들은 자신만의 고통을 증가시키고 있는 것뿐이다. 인간이 자신의 모든 고통의 원인이 자신의 마음속에 있다는 것을 깨달은 후에야 비로소 문제를 해결하기 위해서 무슨 일이든지 할 수 있다.

왜냐하면 확실히 필요한 것은 오직 그가 마음을 바꾸는 것밖에 없기 때문이다. 인간은 자신의 삶을 바꿀 수 있게 하기 위해 우선 마음속을 먼저 바꿔야 한다.

인생에 대한 생각,

이상 (理想),

태도를

모두 바꿔야 한다.

　이렇게 변할 때, 인간은 자신의 현재의 삶을 바로잡기 시작할 뿐만 아니라, 미래를 위해서 더욱 공평하고 고결한 삶을 창조한다.

　인간은 변해야 한다.

　자신의 욕망과 열망을 증오와 악으로 향하는 대신
사랑과 선으로 바꿔야 한다.

　욕망과 이기심에 빠져 있는 대신
자신을 보다 높고 나은 수준으로 끌어 올려야 한다.

어떻게 이렇게 할 수 있을까?

유한한 인간은 전혀 이룰 수 없지만, 그의 내면에 있는 무한한 힘으로 성취할 수 있다. 인간이 자신과 무한한 존재와의 일체감을 깨닫고, 전능한 힘을 마음대로 사용할 수 있다는 것을 믿을 때 그는 내면의 영혼의 힘을 사용할 수 있게 된다.

인간이 의심하고 두려워하고 불신하는 한, 이 특별한 힘을 사용할 수 없다. 그 특별한 힘은 인간의 것이다. 하지만 인간의 마음과 정신의 상태에 따라, 인간이 그 힘의 존재를 깨닫거나 그것을 사용하는 것을 방해한다.

우리는 작업장의 기계를 움직이기 전에 반드시 그것을 기관실에 연결해야 한다. 똑같은 방식으로 인간은 새롭게 살기 전에 무한한 생명의 힘과 하나가 되어야 한다. 즉, 이 우주의 에너지, 우주의 기운과 연결해야만 강력한 힘을 얻을 수 있는 것이다.

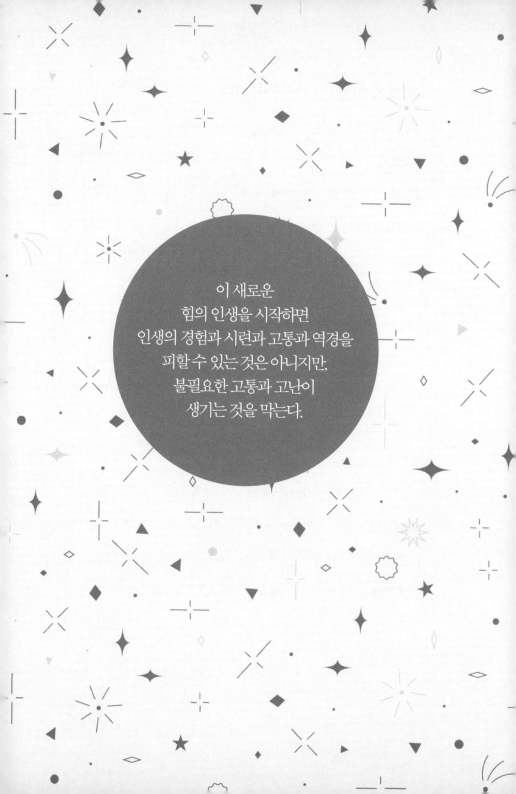

이 새로운
힘의 인생을 시작하면
인생의 경험과 시련과 고통과 역경을
피할 수 있는 것은 아니지만,
불필요한 고통과 고난이
생기는 것을 막는다.

또한 이 새로운 힘에 의한 내면의 변화는 소위 냉정한 운명조차도 대부분의 힘을 잃게 하고 상처를 입힌다. 왜냐하면 자기 안의 더욱 고귀한 인간이 깨어나서 이 우주의 무한한 에너지와 하나가 되기 때문이다. 이처럼 알고 보면 인간의 삶 속에서 운명의 힘은 그다지 크지 않다.

운명은 여전히 작용하지만,
나의 삶에 매우 깊이 상처를 입히지는 못한다.
왜냐하면 이제 나는 세상을 깨인 눈으로
바라보기 때문이다.

따라서 축복을 하러 온 것은 선(善)이고, 나의 삶을 죽이러 오는 것은 악(惡)이 아니라는 것을 알게 된다. 내 마음의 눈이 우주를 향해 열려 있고, 내 영혼이 이 우주와 연결되면 선과 악의 구별은 이제 별 의미가 없어진다. 선 역시 나의 인생을 완성하는 일부분이고, 악도 마찬가지기 때문이다. 다만, 스스로 선과 악을 구별 지어 놓았을 뿐이다.

이 우주가 계획하고 설계해 놓은 내 인생의 설계도에 맞서지 마라. 내가 받아들이든, 아니든 계획표대로 흘러간다. 다만, 어떻게 그 설계도에 의해서 나를 강인하게 완성해 갈 것인지만 생각하라.

그러므로 고통스러운 운명은 인간이 운명에 저항할 때 일어나는 것이다. 운명에 맞서지 말고, 두 팔을 벌려 운명을 맞이하라. 그리고 운명을 통해서 꼭 배워야 하는 삶의 교훈들을 배울 때, 고통은 힘을 잃고 사라지는 법이다.

성공하는 사람이 갖춰야 할 자세를 익히기
성 공

여기에서 말하는
성공은 세상을 보
다 좋고, 보다 풍성
하게 만들고, 공익
에 이바지하며, 가
치 있는 일을 이루
는 것을 의미한다.

 인생에 있어서 우리가 차지하는 영역은 보잘것없지만,

우리 자신의 나약함을 극복하고, 사는 동안 다른 사람들을 돕

고, 매일 해야 할 일을 필요 이상으로 더욱 잘한다면 우리는 성공

적인 삶을 살고 있다고 할 수 있다.

삶을 마감할 때 살아 온 것에 감사하고, 가능한 한 인생을 최대

한 알차게 보냈다는 것을 깨달을 수 있다면,

우 리 는 진 짜 성 공 한 것 이 다.

현명하지 못한 사람들에게
성공은 부를 축적하고,
명성을 얻는 것을
의미할지도 모른다.

그러나 부와 명성을 얻기 위해서 삶을 포기하는 사람들은 인생의 가장 큰 실패자들이다. 그들이 부자가 되는 것은 사실이지만, 그들은 돈으로 살 수 있는 것은 전혀 만족감을 주지 못하는 것들뿐이라는 것을 알게 된다. 즉, 정말로 소유할 가치가 있는 것들은 하나도 살 수 없다는 것을 알게 된다.

이런 종류의 헛된 성공은 이룰 수는 있지만, 대가가 너무 크다.

과거에 가장 위대한 선생이 이렇게 말했다.

"사람이 만일 온 세상을 얻었는데, 자신의 혼을 잃으면 무엇이

유익하겠는가?"

사람이 행복, 건강, 삶의 즐거움, 가정생활, 그리고 자연의 아름다움과 소박한 기쁨에 감사할 수 있는 능력을 희생하고, '성공하면' 무엇이 '유익'한가?

그러나 인간은 노력하는 사람이 되어야 한다. 영원히 더 나은 것들을 추구하고, 자신을 더욱 완벽하게 표현해야 한다. 보다 더 나은 곳으로 올라가는 노력을 하지 않은 채, 목적 없이 사는 사람은 시민이라고 부를 자격이 없다.

시민으로 불리고 싶다면 인간은 영원히 노력하고, 극복하고, 올라가야 한다.

인생의 실패의 원인은 항상 나약한 성격에 있다.

휘몰아치는 인생의 폭풍우를 견디고, 인생의 어려움을 극복할 수 있는 사람들은 강한 사람들뿐이다. 존경 받을 만한 인생을 살고 싶고, 큰 업적을 이루고 사회에 기여하고 싶은 사람은 언제나

난관에 직면하기 마련이다. 이것은 당연하다. 왜냐하면 어려움이라는 관문을 통해서 나약한 사람들과, 자격도 갖추지 않은 채 출세를 열망하는 사람들이 걸러지기 때문이다. 그리고 일반적으로 성격이 성실하고, 용기 있고, 확고하고, 인내가 있으며, 끈기 있고, 집념이 강하고, 명랑하고 강인한 사람들이 성과를 얻기 때문이다.

성공, 특히 물질적인 성공 그 자체는 성공한 사람에게는 별로 유익하지 않다.

물질적인 성공으로 인한 만족감은 오래가지 않지만, 성공은 다른 방식으로 가치가 있다. 예를 들면, 봉사에 기초한 성공은 지역 사회에 유익하다. 이런 유형의 성공한 사람들이 없다면 틀에 박힌 생활을 하는 보통의 사람은 힘들게 살 것이다.

또한 성공을 하면 인격이 도야된다. 전쟁터 같은 인생에서 성공하고 싶은 사람은 가능한 모든 방법으로 시험을 받고, 시련을 견딜 준비를 해야 한다. 그 모든 시험과 시련에서 살아남은 사람은 거의 모든 방면에서 인격이 도야된다.

그러나 성공했을 때조차도
인간은 시험을 받고,
시련을 겪는다.

사업이라는 냉혹한 세계에 종사하거나, 공직에 있는 사람은 스스로 주의하지 않으면 무정하고 냉담한 사람이 될지도 모른다. 아마도 이것이 모든 실패 중의 최악의 실패일 것이다. 다른 방면에서 성공하고, '무정한 사람'이 되면 그는 결국 쓸모없는 실패자이다.

게다가 스스로 노력해서 높은 지위에 오르는 유형의 사람들은 모험하는 것을 두려워하고 계속 평범하게 사는 사람들보다 훨씬 더 많은 시험을 받는다. 영적으로 높은 경지에 이르는 가파른 길을 올라가려고 애쓰는 사람들뿐만 아니라, 속세의 일에 성공한 사람들도 마찬가지로 시험을 받는다. 그들은 각각의 경우, 보통 사람은 거의 꿈도 꾸지 못할 엄청난 힘과 영향력을 간직하고 있다.

여기에는 중대한 책임감이 따른다.

왜냐하면 자기 권력의 확대를 위해 이 힘을 쓴다면 큰 재앙을 초래할 것이기 때문이다. 따라서 성공하려는 사람들은 사방에서 매우 포착하기 힘든 종류의 온갖 시험에 시달리는데, 그 시험에 굴복하면 인생은 붕괴되고 영혼에 중대한 상처를 입을 것이다.

인생은 끝나지 않고 계속되는 전투다.

일반적으로 보통 사람에게 인생은 살면서 매우 중요하다고 생각하는 상황과의 연속적인 싸움이다. 더욱 진보된 사람은 이러한 상황과 고난이 다가와도 그렇게 고생하지 않는다 ― 그는 좋지 않은 상황과 어려움을 초월한다 ― 그러나 그는 훨씬 더 큰 강도와 감지하기 힘든 방식으로 시험을 받고 시련을 겪는다. 어떤 종교를 믿으면 평생 평온한 생활을 할 수 있다고 생각하는 사람들은 단지 착각에 빠져 있는 것뿐이다. 평범한 사람을 당황하게 만드는 인생의 어려움을 극복하는 방법을 배울 때, 인간은 더욱 알아차리기 힘든 다른 방식으로 시험받고 시련을 겪을 것이다.

이것은 인생을 사는 목적이 단지
순간적인 기쁨이 아니고,
경험을 통해서
인격을 도야하는 것이기 때문이다.

그러므로
성공하고 싶은 사람은
강인해야 하고,
현명해야 하고,
인내해야 한다.

정말로 가치 있는 인생을 살고자 갈망하고, 사람들에게 더욱
완벽하게 봉사하기 원하며, 경험을 통해서 인격을 도야하고 자신
의 모든 약점들을 극복하고 싶은 사람들은 힘과 지혜를 물려받
은 사람들이다.

만일 물려받지 않았다면, 자신의 마음속에서 힘과 지혜를 찾아야 한다.

그러나 인간은 자신의 영혼의 힘을 이기적인 목적과 자기 권력의 확대를 위해서 사용해서는 안 된다는 것을 다시 한번 짚고 넘어갈 필요가 있다.

모든 시대에 걸쳐서 영적인 가르침으로 알려져 내려온 불변의 법칙이 있다.

그 법칙은 부(富)를 창출하거나, 매일 먹을 양식을 얻기 위해 영혼의 힘을 사용하는 것을 금지하는 것이다. 예수 역시 이 법칙의 지배를 받았고, 우리와 똑같은 방식으로 시험받았다.

시험하는 자가 이렇게 말했다.
"이 돌에게 빵이 되게 명령해라."

만일 그리스도가 돌을 빵으로 변화시켰다면, 자신의 위대한 사명을 완수하는데 실패했을 것이다. 하지만 그리스도는 그 법칙을 알고 있었다. 오늘날 자신의 영혼의 힘을 잘못 사용해서 돌을 빵뿐만 아니라 자동차, 상당한 금액의 은행 잔고, 그리고 땅과 집으로 바꾸려고 애를 쓰는 사람들이 수없이 많다.

그러나 그렇게 하면 재난이 발생할 것이다.

왜 냐 하 면 그 들 은 하 나 가 된 우 주 의 영 혼 의 힘 에 ' 반 대 하 고 ' 있 기 때 문 이 다 .

무궁무진한 우주의 힘을 사용하는 방법을 배우고, 자신이 신의 아들이라는 것을 알게 된 사람들이 오직 신이 준 힘을 잘못 사용한다면 어떨까. 영혼의 적은 그들에게 화려하지만 곧 소멸될 부와 권력과 화려함과 사람들의 칭찬을 주겠다고 제안한다. 예수처럼, 그들도 거절해야 한다. 그들은 자신보다는 남을 생각하고, 움켜쥐는 대신 베풀어야 한다.

오늘날 수많은 사람들이
인간의 의지를 삶 속에 끌어내는 것과,
부와 권력을 획득하기 위해서
초자연적인 힘을 사용하는 것을 배우려 하고 있다.

그들은 침묵 속으로 들어가는 것과 '원하는 것'을 요구하는 방법을 배운다. '원하는 것을 얻는 방법'이 오늘날 선생들이 외치는 구호이다. 인간의 의지력으로 그리고 초자연적인 힘을 사용해서 어떤 공적도, 어떤 봉사도, 어떤 기부도 하지 않고 요구하며 강요만 한다. 이것은 영혼의 적이 사용하는 또 다른 방식이고, 그 방식으로 수많은 사람들이 길에서 벗어난 진리를 추구하게 하고 있다. 이 주제는 따로 분리된 장에서 더욱 상세하게 나온다.

그러나 인간이 꽉 잡고 움켜잡는 대신에 봉사하고 기부하는 일에 야망을 품는다면, 또한 자신의 장점을 통해서 영혼의 힘을 잘못 사용하지 않고 열심히 성공하려 한다면 인간은 앞으로 나아갈 수 있다. 그리고 그 힘은 인간과 함께하고 그를 도와줄 것이다.

일단 그 힘이 생길 때 인간은 순전히 이기적인 모든 노력을 그 만두어야 한다. 물론 이기심이 여전히 동기의 많은 부분을 차지 할지라도 말이다. 모든 인간은 봉사를 통해서, 그리고 다음에 오는 고귀한 목표를 통해서 성공을 추구해야 한다.

살면서 성공을 움켜잡으려고 노력하는 대신에 자신의 장점과 공정한 교환을 통해서 성공을 추구해야 한다. 그것 때문에 고통 받을지라도 말이다.

게다가 우주의 이 힘을 표현할 때 오직 사랑하는 마음으로 그 힘을 사용해야 한다. 그렇지 않으면 그 힘이 사용하는 사람을 파괴할 것이기 때문이다. 또한 유한한 인간의 의지로 그 힘을 사용해서는 안 되지만, 우주의 뜻이 무엇인지 발견하고 그 뜻에 조화를 이루며 살려고 노력해야 한다.

각각의 인생의 배후에는
성스러운 의지와 목적이 있다.

각각의 인생은 이 우주의 형상으로 만들어지는 것처럼 완벽하다. 진실로 최고의 성공, 즉 오직 진정한 성공은 위대한 우주의 목적에 따라, 다시 말해서 소위 신의 형상대로 만들어진 인생처럼 사는 것이다. 우주는 대우주이며, 인간은 소우주이므로, 누구나 각각의 인생은 하나의 우주로서 완벽하다.

그러나 인간이 살면서 실패자가 되어야 하거나 어떤 것을 성취하지 못해야 한다는 것이 신의 뜻, 곧 이 우주의 뜻이라고 상상하지 마라. 오히려 그 반대다. 왜냐하면 무한한 우주는 영원히 팽창하고, 결코 그 계획을 실패하지 않으며, 단지 그것을 모두가 알 것이라고 생각하기만 하면 되기 때문이다. 물론, 인간도 성공해야 한다. 하지만 인간이 그의 야망과 지혜를 하나로 합쳐서 순전히 이기적인 목적보다는 모두의 이익을 위해서 사용하게 하라.

인간이 살면서
적당한 범위까지,
일정한 수준까지 '출세하는 것'은 당연하다.

[6] '출세하기' 위해서 인간은 더욱 유능한 사람이 되어야 한다. 그래서 더 나은 삶을 살고, 사람들에게 더 잘 봉사해야 한다. 그러므로 이런 종류의 성공에는 어떤 해로움도 없다. 또한 비참하고 불쾌한 환경에 처한 사람이 더 나은 상황으로 올라가고 싶은 야망을 품는 것도 당연하고 칭찬할 만하다.

예를 들어, 자신의 아내와 가족을 위해서 더욱 멋지고 더 나은 삶을 이루기를 간절히 바라는 것은 매우 옳은 일이다. 현명

크게 성공하는 것을 비난한다는 뜻으로 이 말을 추론해서는 안 된다.
큰 책임을 져야 하는 사람은 거의 없어야 한다.
이 위대한 사람들의 진정한 인생 성공은 완전히 그들의 동기에 달려 있다.
그들이 단지 권력, 명성, 그리고 자기 권력의 확대를 추구한다면 아무리 그렇지 않게 보일지라도
그들의 인생은 실패작일 수밖에 없다.
그러나 그들의 동기가 봉사라면 아무리 겉으로는 성공한 것처럼 보이지 않을지라도
그들의 인생은 진정으로 성공한 것이다.

하게 야망을 충족시키는 한, 그리고 사람들에게 '봉사를 더욱 잘함'으로써 성공을 추구한다면 그는 칭찬 받을 만한 목적을 가진 것이다.

그러나 자신의 야망을 억제하며 통제하지 않고 '자제력을 잃으면' 그는 인생의 진정한 기쁨을 모두 잃을 것이다. 또한 인생의 마지막 순간에 너무 많은 성공을 통해서 실패한 인생을 살았다는 것을 알고 슬퍼해 봤자 이미 때는 너무 늦다.

나의 경험으로 미루어 봤을 때,
우리는 항상 성공하기 위해서 전진하고 성취하고
극복하고 노력해야 한다.
우주의 위대한 법칙 중의 하나는 전진이다.

따라서 가만히 있는 것은 치명적이다. 우리는 앞으로 나아가야 하고 어떤 것을 성취하고 이룩해야 한다. 그렇게 하면 우리의 노력을 기울이게 하는 많은 것들과 힘든 일이 재산으로서의 가치는 없지만, 우리가 언제나 경험을 통해서 배우고 있고 더욱 큰일을 하기 위해서 강해지고 준비가 되는 과정에 있다는 것을 알게 될지도 모른다.

반복되는 실패를 통해 진정한 만족감을 발견함으로써 결국 우리는 참된 지식, 지혜 그리고 이해심을 얻는다. 이 세상에 살면서 매우 적당한 물질적 성공에 만족할 수 있고, 더 높고 더 나은 것들에 관심과 열망을 기울일 수 있다면 우리는 현명한 사람이 된다.

이 장을 마무리 하면서 성공과 성취가 이미 만들어져 있어서 하늘로부터 당신의 무릎으로 뚝 떨어지지는 않는다는 것을 강조하고자 한다.

성공한 사람들은 모두 어떤 일이든지 잘 감당하고, 다른 사람들이 놀고 잠자는 동안 열심히 일한다. 이 사실과 반대로 가르친다면 그건 모두 잘못된 것이다. 단지, 당신이 성공을 확신한다는 이유만으로 성공이 분수에 넘치게 올 것이라고 생각하는 것은 최고로 어리석은 행동이다.

다른 한편으로, 물질적인 것들이나 '성공'을 소위 어떤 모양이나 형태로 만들기 위해서 내적인 힘을 초자연적인 방법으로 사용하는 것은 흑마술과도 같다. 그런 연습을 하는 사람은 흑마술사가 되고 끔찍한 징벌을 받는다. 인간사에서 성공하는 유일한 한 가지 방법이 있는데, 그것은 자기 자신을 더욱 쓸모 있는 사람으로 만드는 것이다. 그리고 봉사를 더욱 많이 하는 수준으로 끌어 올리는 것뿐이다.

만일 당신이 전보다 일을 더 잘하고, 더욱 막중한 책임을 진다면 당신은 인류에게 더욱 이바지하고 있는 셈이다. 따라서 당신은 성공할 가치가 있는 사람이다.

'주는 것이 받는 것보다 더욱 축복이다'라고 옛 성자는 말했다. 그리고 이것은 심지어 인생의 실제적이고 세속적인 인간사에 있어서도 해당된다. 첫째로, 보다 나은 그리고 더욱 가치 있는 봉사를 해야 한다. 다시 말해서, 봉사가 실현되는 것을 보려고 기대하기 전에 당신은 먼저 자격을 갖추어야 한다. 즉, 가치 있는 사람이 되어야 하는 것이다.

거두기 전에 당신은 먼저 뿌려야 한다. 더욱 큰 지위를 차지할 수 있기 전에, 현재 위치에 맞는 매우 훌륭한 사람이 되어야 한다. 모든 가능한 한 방법으로 성장하고 발전해야 한다. 그러면 성장함에 따라 성공도 증가할 것이다.

외적인 성공은, 말하자면, 당신의 진짜 모습을 그대로 드러내는 것이다. 그리고 인류에 대한 더욱 훌륭하고 가치 있는 봉사의 결과이다. 틀에 박힌 생활에서 벗어나기 위해서는 엄청난 노력과 결단력이 필요하다. 하지만 당신의 야망이 비열하거나 이기적이지 않는 한, 마음속에 있는 힘만으로도 모든 욕구를 충족시키기에 충분하다는 것을 알게 될 것이다.

소란스러운 인생 속에서,
또는 더욱 어려운 정신적인 진보의 길에서
성공하기 위해서는 상상력, 예지력, 용기, 믿음, 결단력,
인내, 끈기, 희망, 쾌활함,
그리고 그 밖의 다른 자질들이 필요하다.

우리의 '마음속에서' 이 모든 자질들을 발견할 수 있다. 이 모든 자질들은 거의 마음속에 잠복해 있는데, 무한한 힘이 우리의 것이라고 믿으면 이 모든 자질들을 표현할 수 있다.

그러나 여전히 이 힘을 조금 사용할지라도, 더 정확히 말하면 이 힘을 잘못 사용할지라도 반드시 이 점을 기억해야 한다. 즉, 다른 사람들에게 영향을 주거나 그들을 지배하기 위해서 자기

권력을 확대하려고 이기적으로 이 힘을 사용해서는 안 된다고
스스로에게 거듭 경고해야 한다.

이 힘을 잘못 사용하면 결과는
끔찍하고 처참할 것이다.

그러므로 오직 선하고 고결한 목적을 이루기 위해서, 그리고
사람들의 삶을 풍요롭게 할 봉사를 하기 위해서 이 힘을 사용하
고 공익에 이바지하라. 이 단계에 이미 도달했다면 당신은 앞으
로 나아가야 한다. 그냥 기다릴 수는 없다.

신성한 충동으로 당신은 더욱 위대한 업적과 성취를 이루기
위해서 늘 전진할 것이다.

행성이 태양 주위를 돌고,
운명을 다하는 것과 똑같이
당신도 전진해야 한다.

그러므로 당신의 목적과 야망이 이 우주의 영원한 지혜를 바탕으로 한다는 것을 명심하라. 왜냐하면 당신의 모든 미래가 영원한 지혜에 달려 있기 때문이다.

질병에서 벗어나 건강하게 사는 주문을 걸기

건 강

어떤 사람은 약하고 병든 몸을 물려받아 태어나고, 또 다른 사람은 강하고 튼튼한 체격을 마음껏 누리며 사는 이유를 이렇게 짧은 책에서 설명하는 것은 불가능하다. 이 책에서는 튼튼하고 건강한 시기는 지나가고 있고, 인간은 기질적인 면에 있어서 더욱 극도로 예민하고 신경질적이고 초자연적으로 되어가는 과정에 있다는 것을 아는 것만으로 충분하다.

예전의 건강하고 무의식적인 유형의 건강은 인간의 동물 같은 본성에서 기인하는데, 이 본성으로 인해서 인간의 몸은 본능적인 마음에 더욱 완벽하게 지배당한다.

덜 진화된 인간은 더욱 진화된 인간의 건강을 깨뜨리는 정신 착란과 심령의 변화와 영적인 부조화에 확실히 영향을 받지 않는다. 어떤 형태의 정신 이상의 경우에 이 점을 보여주는 실제적인 사례가 있다. 그 사례에서 환자는 '정신 이상이 된다.' 그 결과, 반대로 그 환자의 '신체 건강'은 놀라울 정도로 좋아진다.

본능적인 마음에 따르면,
그 결과 건강하고 튼튼하고
동물적인 건강 상태가 된다.

정신착란자가 정신이 온전하고 마음속에 걱정, 야망, 계획, 염려, 욕망, 증오, 그리고 비탄이 가득 차 있었을 때 아마도 그는 결코 신체적으로는 건강하지 못했을 것이다. 이것은 그 환자의 생각과 통제하지 못한 감정 때문에 야기된 불안감 때문이었을 것이다.

그러므로 그 환자가 자신의 의식적인 마음을 굴복시키고 어리석은 방식으로 행복해졌을 때, 그는 이런 불안감을 주는 것들에 대해서 생각하는 것을 멈췄다. 그리고 그 결과, 본능적이고 동물적인 마음이 어떤 것에도 흔들리지 않고 작용할 수 있었다.

야만인들이 튼튼하고 강인했던 것처럼 사람들이 튼튼하고 강인했던 '좋았던 옛 시절'을 그리워 해봤자 아무 소용이 없다. 왜냐하면 진화를 통해서 인간은 이미 더욱 발달하고, 더욱 민감하고, 보다 더 섬세한 유형으로 변할 것으로 결정됐기 때문이다.

이러한 민감한 유형의 사람은 마음속의 잘못된 생각과 감정으로 고통과 괴로움이 빠르게 생겨난다. 대다수의 사람들은 건강이 무엇인지 모른다. 그들은 두통, 소화불량, 류머티즘, 신경염 등과 같은 가벼운 질환을 앓을 뿐만 아니라, 결코 몸이 활기가 있거나 완벽하게 건강하다고 느끼지 않는다. 생활의 기쁨도 모른다.

삶은 그들의 가슴을 설레게 하지 않는다. 그들을 활기 있게 해주는 것은 아무것도 없다. 생생한 황홀감을 느낀 순간도 전혀 없다. 다시 말해서, 그들은 사는 것이 아니라 단지 죽어가는 불쌍한 단계에 있을 뿐이다.

게다가 대다수의 사람들은 전염병과 유행병에 걸리기 쉽다. 그러나 그들이 정말로 건강하다면 면역력이 있어서 걸리지 않을 것이다. 하지만 면역력을 기르기 위해서 건강해지려는 대신에 사람들은 백신과 혈청 등에 기댈 뿐이다. 따라서 몸이 견뎌야 할 부담만 증가된다.

그러나 이 방면으로 기울이는 모든 노력은 실패로 끝나게 되어 있다. 왜냐하면 한 가지 질병을 고치는 만큼 빠르게 또 다른 질병이 발생하기 때문이다.

✳ 많은 사람들은 질병을 피할 수 없다고 여긴다. 하지만 사실은 건강한 상태가 정상이고, 질병에 걸린 상태가 비정상이라는 것이다.

좋지 못한 건강의 원인을 거슬러 올라가면 무엇보다도 자연의 법칙을 따르지 않기 때문이라는 것을 알게 된다. 수많은 사람들이 건강에 관하여 거의 모든 잘 알려진 자연의 법칙을 지키지 않으면서 자신들이 병이 든 것을 알고 놀란다.

그러나 놀라운 점은 그들이 원래 건강하다는 사실이다. 자연의 법칙에 잘 따르고, 자연 요법을 잘 사용하면 우리는 건강해질 수 있다. 하지만 알고 보면, 아픈 사람들의 경우 물리적인 원인보다 훨씬 더 깊은 또 다른 원인이 분명히 있다는 것을 알게 된다.

우리는 알려진 모든 물리적인 건강 법칙을 잘 따르고, 과학적으로 씻고 운동하고 숨을 쉬고, 약이나 혈청 대신 자연요법을 채택하는 데도 건강하지 못한 사람들이 많이 있다는 사실에 직면한다. 따라서 우리는 좋지 못한 건강의 원인을 발견하기 위해서 더욱 깊이 자신을 연구하고, 마음의 병에 주의를 기울여야 한다.

우리가 마음으로 주의를 돌릴 때 비로소 병의 원인을 많이 발견한다. 인간은 흔히 자기 자신의 건강을 자꾸 염려하고, 스스로 병이 있다고 생각한다. 사람이 자꾸 질병에 대해서 생각하면 몸에 정말로 병이 생긴다는 것은 오래 전부터 잘 알려져 있는 사실이다. 끊임없이 질병, 수술, 그리고 다른 병과 관련된 주제에 대해서 생각하는 사람들은 실제로 이런 질병의 희생자가 된다. 그러므로 병을 피할 수 없다고 믿는 사람들은 살면서 정말 그 질병에 걸리기 마련이다.

병에 걸린다고 생각하면 몸이 병에 걸리기 쉬운 상태가 된다. 그리고 몸이 쉽게 감염이 되거나, 만성적으로 건강이 나빠지거나, 심지어 진짜 병에 걸리는 결과를 초래한다.

병에 관련된 것들을 계속 생각하는 것은 병에 걸리거나 허약해지는 확실한 방법이다. 인간은 자기 자신만의 부정적인 생각과 감정으로 병에 걸려 있을 뿐만 아니라, 인류의 마음에 최면을 거는 듯한 주문에 걸려 있다. '이 세상의 신이 믿지 않는 사람들의 마음을 혼미하게 했다.' 우리는 모두 다소 엄청난 환상의 주문에 걸려 있다. 우리가 보고 경험하는 악, 질병, 다른 결함들은 '현실'에서 존재하지 않지만, '비현실'속에서 '존재'한다.

[7]그런 것들은 실제로 진짜가 아니지만, 현재의 이런 제한된 의식을 가진 사람들에게는 너무나 진짜 같다. 진실을 깨닫고 진실의 빛과 힘 속에 살면 완벽할 정도는 아니지만, 최면을 거는 듯한 주문은 깨진다. 그렇지 않으면 항상 우리는 부정적 생각에 갇힌 비현실 속에서 살아야 한다. 그 걱정의 늪에서 벗어나면, 건강 상태는 크게 좋아져서 이 삶을 즐길 수 있게 될 것이다.

우리는 최면 상태에 걸린 듯 암시에 영향을 받는데,

그것은 수많은 다양한 원천으로부터 온다.

이 추상적인 설명에 대한 더욱 자세한 설명은
『The Science of Thought Text Book』의 1, 2권을 참조하기 바란다.

친구들과 아는 사람들과의 대화는 우리에게 악영향을 준다. 질병이나 병이 실제로 존재하고 피할 수 없다고 믿으면 이것이 모든 대화에 영향을 미친다. 그리고 친구들과 아는 사람들이 하는 말에 조심하지 않으면 그 대화가 무의식적으로 우리에게 영향을 미친다.

우리가 너무나 긍정적이라서 영향을 받을 수 없는 상태가 아니라면 신문, 잡지, 책, 그리고 똑같은 실수를 저지르는 일에 젖어 있는 모든 것 또한 우리에게 영향을 끼친다. 이러한 수많은 원천으로부터 우리는 질병, 감염이 피할 수 없어 걸리기 쉽고, 실제로 존재하는 것임을 암시받는다.

매우 쉽고 간단하게 말하면, 이 모든 것의 영향으로 생명의 힘이 잘못된 경로로 흐른다. 따라서 완벽함 대신에 질병이 생기고 건강이 나빠진다. 확실히 정상적인 건강 상태에서 비정상적인 질병이나 아픈 상태로 변한다.

그러나 진리를 깨닫고 삶의 빛과 힘 속에 살 때 정상적인 건강 상태로 회복된다. 건강한 삶에 대한 모든 환상과 불완전함 뒤에 절대 진리와 완전무결함이 있다. 부정적으로 생각하고, 실수와 환상에 기초해서 생각하는 것을 멈추기 위해서 그 현실의 진리와 완벽함을 깨달아야 한다. 그리고 진리 속에서 생각하는 생활을 확립할 때 건강해진다.

건강이 좋지 못한 것은 죄의 결과라고 종종 말한다. 질병, 그리고 좋지 못한 건강에 대해서 생각하고 그런 부정적인 것들을 피할 수 없다고 믿는 것은 가장 큰 죄 중의 하나이기 때문이다.

우리의 생활 방식은 '완벽하고 온전하고 불멸하며 썩지 않는' 영혼에 따라서 사는 것이다. 또 그렇게 생각하고 행동하는 것이다. 육체적인 것, 즉 부패, 질병, 죽음에 따라 사는 것이 아니다. '육체적인 것'에 따라 생각하면 완전히 흠이 없고, 완전무결한 이 우주를 모욕하는 것이 된다. 그리고 우리 자신을 성스러운 생명과 힘으로부터 차단시키는 것이 된다.

그러나 잘못된 생각으로 건강을 파괴시키는 또 다른 방법이 있다. 바로 욕망에 대해서 생각하는 것이다. 그것은 불행, 병, 그리고 신경질환을 일으키는 원인이다. 생명의 성스러운 힘이 잘못된 경로로 이탈해서 탐닉에 빠지면, 필연적으로 몸과 머리와 의지가 약해지는 결과를 초래한다. 또는 정신적인 억압 상태에 빠져서 정신 질환이 생긴다.

불순한 것을 계속 생각하면 불행한 결과가 반드시 나타난다.

그것은 좋지 않은 행동이나 건강의 쇠약을 초래한다.

어쨌든 그 둘 다에서 어떤 형태로든 반드시 발생한다.

우리는 끊임없이 생각을 통제하고 반대로 생각해야 한다.

이때, 생각을 억누르지는 말아야 한다.

단지, '반대로 생각해야 하는 것'에 주의하라.

왜냐하면 그 두 가지 사이에는 엄청난 차이가 있기 때문이다.

생각을 억누르는 것은 신경 문제를 일으키지만, 반대로 생각하거나 생각을 바꾸면 삶이 변하고 육체의 건강도 크게 향상된다.

게다가 증오, 분노, 악의, 공포, 걱정, 염려, 비탄, 그리고 불안한 생각에 휩싸여 있으면 건강이 나빠지고 신체의 상태가 약해짐으로써 감염과 질병에 노출된다. 그러므로 마음의 상태와 어떤 생각을 하는가는 무시할 수 없는, 건강의 중요한 요소라는 것을 알 수 있다.

좋지 못한 건강이나 질병이 단지 마음속에 숨어 있는 원인이 겉으로 나타난 '결과'라면, 악화된 건강이나 질병을 치료해도 소용이 없다. 그 병을 치료하기 위해서는 문제의 원인으로 다시 돌아가야만 한다.

생각을 통제하는 것은 [8]큰 도움이 된다. 잘못된 생각을 하는 대

The Science of Thought Press 사에서 출판한
나의 또 다른 저서인 『The Power of Thought』를 참조하기 바란다.

신, 올바르게 또는 긍정적으로 생각하면 시간이 지남에 따라 삶 속에서 놀라운 일들이 일어날 것이다. 우리의 잠재의식 속에는 비범한 지성이라는 무한한 힘이 있다. 이 놀라운 힘은 우리의 생각에 따라 삶과 몸에 건강과 조화와 아름다움을 더욱 높일 수 있거나 그 반대일 수 있다. 그 힘은 선하다, 즉 그 지성은 확실히 무한하지만, 우리의 생각이 향하는 곳은 어디든지 같이 간다.

따라서 우리는 생각만으로 선이나 악을 창조하거나 파괴한다. 그래서 선이나 악이라는 결과를 만들어 낸다. 그러므로 우리가 하는 모든 생각이 선하고 긍정적이고 건설적이라면, 우리의 몸과 생활은 분명히 조화롭고 완벽하게 확립된다.

문제는 '이것이 가능한가?'이다. 우리가 간절히 바라고, 기꺼이 자신을 단련하며, 종종 실패 같아 보이는 문제에 직면할 때도 인내한다면 '가능하다.'

이 시점에서 어떤 독자들은 그렇게까지
선한 사람이 될 생각이 없고 욕망, 불순함, 증오, 분노, 악의,
그리고 이런 종류의 생각과 감정들을

포기할 준비가 되어 있지 않다고 말할지도 모른다.

좋다. 그렇다면 그들은 분명히 계속 그렇게 살면서 고난을 겪고 난 후에 기꺼이 배우기를 거부하는 교훈을 배울 것이다. 또 다른 사람들은 다음과 같이 말할지도 모른다.

"맞아요. 내 생각을 통제하고 싶지만 걱정해야 할 것이 너무나 많을 때 어떻게 걱정하는 것을 그만둘 수 있고, 너무 심하게 남에게 상처를 받았을 때 어떻게 미워하는 것을 그만둘 수 있겠어요?"

이 말을 통해서 우리는 마음의 원인, 즉 마음의 태도보다 훨씬 더 깊은 곳에, 좋지 못한 건강의 원인이 있다는 것을 알게 된다. 성서에 다음과 같은 뜻의 말이 나온다.

"사람이 그 '마음'에 생각하는 것처럼 그 사람도 그렇다."

'마음'은 인간이 바라는 부분인 혼이나 감정을 의미한다. 아집과 성스러운 의지 사이에, 육체적 욕망과 영혼의 갈망 사이에 갈

등이 발생하는 곳이 마음이다. 모든 불행, 부조화, 그리고 좋지 못한 건강의 진짜 근본적인 원인은 단지 정신적이거나 육체적인 원인이 아니라 영적인 것이다.

정신적이나 육체적인 것은 불행, 부조화, 좋지 못한 건강을 조성하는 원인이지만, 영적인 것은 근본적인 원인이다. 실제로 영적인 부조화는 모든 좋지 못한 건강과 질병의 원인이다. 영적인 조화가 회복될 때까지 인간은 신이 말했던 대로 스스로 분쟁해서 일어설 수 없는 나라와 같다.

그런데 치유하는 것은 영적인 특징임에 틀림없다. 이런 조화가 존재할 때까지는 증오에 가득 찬 생각, 두려운 생각, 또는 걱정스러운 생각 같은 것은 극복해야 할 대상들이다.

그리고 이런 생각들을 극복해야 비로소 진정한 치유가 일어날 수 있다.

이 우주의 치유는 자비롭게 영혼을 치유하는 것이다. 죄를 용서하고, 마음의 욕망을 바꾸고, 인간의 의지를 우주의 성스러운 의지와 조화를 이루게 하는 치유를 할 때 마음속의 조화가 회복된다.

이 우주의 치유는 암시를 사용해서 이루어지지 않았고, 인간의 의지력으로도 되지 않았다. 우주의 치유는 성스러운 의지와 마음과 욕망과 의지가 조화를 이룸으로써 이루어졌다. 동시에 우주의 파동에는 질병과 불행이 아니라, 사랑과 흠 없음과 기쁨과 완벽함이라는 진리가 분명히 계시되었다.

우리가 이 우주와 평화로운 관계를 맺을 때에야 비로소 정신 치료가 가능해진다. 우리가 사랑의 원리에 완전히 항복하고 나서야 비로소 미워하는 생각과 악한 생각, 또는 분노에 찬 생각을 사랑이 가득 찬 생각으로 바꿔서 극복할 수 있다.

우리가 성스러운 의지에 항복하고 모든 문제를 무한한 우주에게 맡긴 후에야 비로소 걱정하고 두려워하는 것을 멈출 수 있다. 이렇게 마음속의 변화가 일어난 후에는 정신을 계발하는 훈련을 하고, 생각을 통제하는 것이 반드시 필요하다. 왜냐하면 우리는 모두 스스로의 힘으로 자구책을 강구해야 하기 때문이다.

그러나 꼭 해야 할 일은 사랑과 신뢰를 마음속에 받아들이는 것이다. 다른 사람을 미워하거나, 내일 무슨 일이 일어날지 두려워하거나, 이번 생의 일들에 대해서 걱정하는 한 우리는 결코 건강해질 수 없다.

하지만 우리가 성스러운 우주의 조화에 맞추게 되고, 우리의 생각과 감정을 통제하고, 세속적이고 물질적인 욕망을 성실한 봉사로 바꾸는 법을 배울 때, 필연적으로 흠 없는 완전한 상태에 이르게 된다. 오랫동안 고질적인 병이 서서히 사라지고, 건강 상태가 꾸준히 호전되어 자리를 잡는다.

건강을 회복하기 위해서 자신을 지속적으로 건강과 조화와 완벽함이라는 성스러운 이상으로 끌어 올리는 것이 꼭 필요하다. 그러나 개인의 의지와 성스러운 우주의 의지 사이에 충돌이 여전히 남아있거나, 마음속에 증오나 악의나 시기나 공포가 조금이라도 있다면 이러한 노력은 소용이 없다.

의지는 더욱 위대한 의지(실제로 이것은 우리의 최고의 선이다. 왜냐하면 성스러운 이 우주의 의지를 실현하는 것이 인간의 행복한 운명이기 때문이다.)에 항복해야 한다. 그래서 마음으로 용서하고 마음이 사랑으로 가득 차야 한다. 자신을 치유하는 데에 꼭 필요한 행복하고 걱정이 없고 마음이 편안한 상태가 되기 전에, 두려움을 반드시 몰아내야 한다. 그리고 그 자리에 자신감과 완벽한 신뢰가 자리 잡도록 해야 한다.

건강은 조화이다.
즉, 이 우주의 에너지의 흐름에 따라
마음과 몸 사이를 정교하게 균형을 맞추고
조정하는 것이다.

이 조화는 전적으로 우리 자신과 우주 사이의 더욱 큰 조화에 의존한다. 의지의 충돌이 있는 한, 미움이나 분노가 있는 한, 이기심이 있는 한, 또는 두려움이 있는 동안에는 이런 조화가 존재할 수 없다.

그러므로 건강의 근본적인 이상은 영적인 조화, 즉 인간과 그의 성스러운 원천인 우주의 기운 사이의 조화를 회복하는 모든 치유이다. 이 조화가 회복될 때 인간은 비유적으로 말하자면, 더 이상 스스로 분쟁하는 나라가 아니다. 왜냐하면 이 우주와 '일체감'을 이루었기 때문이다.

인간은 이 우주라는 존재의 성스러운 법칙에 대항하는 대신, 그 에너지의 파동을 느끼며 함께 살아가게 된다. 우주의 기운을 느끼며, 그 에너지의 흐름에 따라 살 수 있다면, 성스러운 생명과 힘이 막힘없이 흘러 나가고 잠재의식의 기능을 완벽하게 자기 것으로 할 수 있을 것이다. 인간의 생각은 그 생각의 원천인 우주의 에너지 안에서 깨끗이 정화된다.

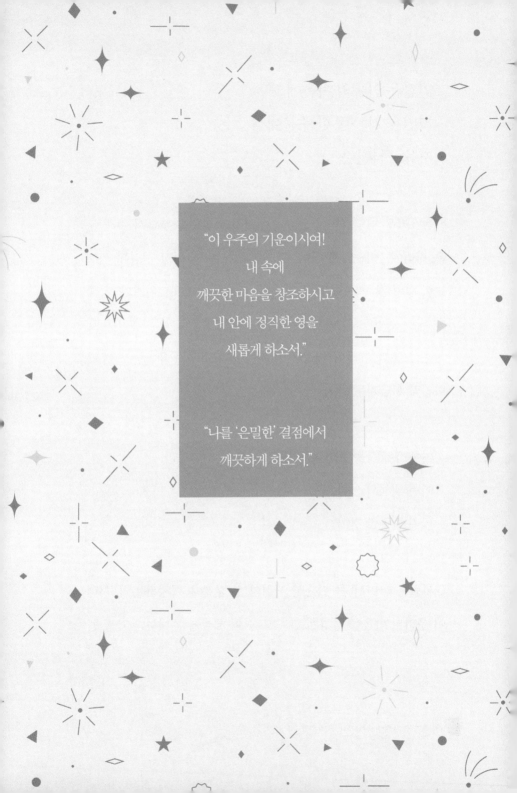

"이 우주의 기운이시여!
내 속에
깨끗한 마음을 창조하시고
내 안에 정직한 영을
새롭게 하소서."

"나를 '은밀한' 결점에서
깨끗하게 하소서."

인간은 인류의 마음에
최면을 거는 듯한 주문에서
자유로워진다.

성스러운 영혼, 즉 이 우주의 에너지의 영향을 통해서 그의 눈은 진리에 눈을 뜨게 된다. 그러므로 그는 더 이상 현실에 의해 눈이 멀지 않는다. 이 우주 안에서 그는 진정 자유로워진다.

큰 슬픔과 그것이 건강에 미치는 영향이라는 주제는 일부러 마지막에 남겨두었다.

아무리 생각을 올바르게 해도
이번 생에서 사별을
막지는 못할 것이다.

사별은 살면서 꼭 필요한 시련의 한 부분을 형성하는데, 시련이 우리의 마음을 상하게 할지 또는 이 세상에 존재하는 가장 큰 축복이 될지는 전적으로 시련을 견디는 방법에 달려 있다.

삶의 시련에 대항하면 큰 슬픔으로 마음이 몹시 아프지만, 상처는 사별 그 자체에 있는 것이 아니다. 바로 정신과 마음의 자세에 있다. 사람이 슬픔의 잔을 기꺼이 마시고 '뜻이 이루어질 것이다'라고 말할 수 있을 때에야 비로소, 사별을 해도 마음에 상처가 되지 않는다. 그리고 건강과 행복이 파괴되지 않는다.

그러나 상처의 원인은 사별 자체에 있는 것이 아니라, 냉정한 마음에 있다. 그러므로 내게 찾아오는 인생의 시련은 꼭 필요한 것이라고 항복하며 받아들여야 한다. 하지만 이것은 큰 슬픔과 비탄에 나약하게 굴복하는 것이 결코 아니다.

사별한 경험이 있는 사람이

다시 예전과

똑같은 사람이

될 수 없다는 것은

분명한 사실이다.

왜냐하면 사별한 사람은 성격이 더욱 원만해지고, 더욱 다정해지고, 더욱 동정심이 있고, 너그러워지며 더욱 온화해지기 때문이다. 사랑하는 사람을 결코 잊을 수는 없지만, 그것 때문에 비통함으로 마음 아파하고 슬픔으로 그렇게 외롭게 살아야 할 필요는 없다.

그런 경우에 종교가 아닌 우주로의 집중은 정신을 만족시키고, 마음을 조화롭게 하며, 몸을 치유할 수 있는 유일한 것이다. 진리 안에 확고히 서기 위해서 그 모든 것을 알면 좋다. 즉, 이 우주는 실수하지 않는다는 사실. 또한 실제로 죽음은 없고, 오직 변화만 있을 뿐이라는 진리를 아는 것이 중요하다. 그 깨달음은 사별이 뜻밖의 축복이 될 수 있는 유일한 통로이다.

이 단계에 도달할 때 슬픔은 극복되고 승리가 죽음을 삼켜버린다. 인생의 모든 고통의 유일한 만병통치약은 우리가 최고의 선에 도달하기만을 간절히 바라는 성스러운 우주의 원천과, 성스러운 의지와 목적과의 의식적인 조화뿐이다.

풍요로운 삶의 길을 시작하는 비법을 배우기

부富의 메커니즘의 비밀

우리의 외적인 삶은 내적 생각이 투영된 것이라는 말은 형이상학적인 진실이다. 우리의 삶은 두 가지 방식, 즉 생각하는 습관과 마음 자세의 영향을 받는다.

첫째로, 우리가 하는 모든 행동은 무의식적으로 생각에 영향을 받는다. 따라서 이것은 우리의 생각과 일치하는 상황을 표현하거나, 그 상황을 우리에게 끌어들이는데 도움이 된다.

[9]둘째로, 우리는 말하지 않고, 보이지 않는 영향을 방출하고 내보낸다. 그리고 그것은 의심의 여지없이 다른 사람들에게 영향을 미친다. 그러나 그들은 영향을 받는다는 것을 자각하지 못한다. 하지만 이 무언(無言)의 영향을 받아들이지 않거나, 혹은 그것에

매혹된다.

따라서 우리의 생각과 마음 자세가 잘못된 유형이라면 그것 때문에 우리의 행동이 영향을 받는다. 그뿐만 아니라 올바른 유형의 친구, 기회, 성공, 그리고 일어날 수 있는 모든 선(善)한 것들을 우리에게서 쫓아버리는 데에 도움이 되는 무언의 영향력도 우리는 행사하는 셈이다. 그 반대도 똑같이 사실이다.

우리는 올바른 생각과 마음 자세로
현재의 삶 속에서 얻을 수 있는 모든 좋은 것을
우리에게 자연스럽게 끌어당긴다.

언뜻 보기에 이것은 대략적인 설명처럼 보이지만,
두 가지 흔한 예로 합리성이 입증될 것이다.
첫째로 법을 위반해서 감옥에 들어간 한 남자의 경우를 들어 보겠다.
그가 감옥에 들어간 상황은 분명히 잘못된 행동 때문이다.
잘못된 행동은 그의 생각의 결과이다. 왜냐하면 모든 행동은 생각에서 비롯되기 때문이다.
둘째로 유능한 기업의 신뢰받는 책임자인 한 남자의 사례를 들어 보자.
확실히 그의 지위는 그의 행동의 결과이다.
왜냐하면 그는 열심히 일하고 성실하게 봉사해서 그 위치까지 올라갔기 때문이다.
이 모든 것은 무엇보다도 건설적인 생각과 올바른 마음 자세 때문이다.

성경에 "사람이 그 마음에 생각하는 것처럼 그 사람도 그렇다"
라고 나와 있다. 이 말은 인간은 자신이 '사람됨'에 따라 그렇게
'생각한다'라고 하고, 그가 생각하는 대로 그의 외적인 삶의 상황
도 그렇게 된다고 말하는 것과 똑같다.

따라서 인간은 그 '사람됨'에 따라서 그의 상황이 결정된다. 이
것은 다소 형이상학적으로 들릴지도 모르지만, 정말로 매우 간단
한 이야기다. 그리고 증거는 어디에나 있다.

빈민가에서 한 사람을 데려다가 좋은 환
경에 살게 하고, 무슨 일이 일어나는지
주목해 보라. 곧 그는 다시 빈민가로 돌
아가거나, 자신의 새로운 집을 빈민굴로
만들 것이다.

반대로, 고귀한 사람을 빈민가에 살게 하라. 그러면 그는 곧 빈
민가를 떠나거나, 자신의 빈민굴을 더욱 괜찮은 집으로 바꿀 것

이다.

지저분하고 게으른 여자를 큰 저택에 살게 하라. 그러면 그녀는 그 저택을 돼지우리로 변하게 할 것이다. 그러나 더 고귀한 여자를 가축우리에 살게 하라. 그러면 그녀는 가축우리를 왕족을 접대할 만큼 깨끗하게 만들 것이다.

따라서
사람의 환경을 바꾸기 전에,
그 사람의 마음 자체를
바꿔야 한다.

인간이 마음을 바꾸고 새로운 야망과 이상과 희망이 가득 차게 될 때, 시간이 흐르면서 그의 비천한 환경을 초월해서 '새로운 정신 상태와 일치하는 환경을 자신에게 끌어당긴다.'

지저분하고 게으른 여자 대신에 그녀의 집을 치워주는 것은 소용없을 것이다. 왜냐하면 그녀는 곧 집을 다시 돼지우리처럼 만들 것이기 때문이다.

그러나 말끔함, 청결, 정돈 그리고 깨끗함에 대한 새로운 이상을 그녀의 머릿속에 스며들게 한다면, 그녀의 당면한 환경이 최소한 어느 정도 자신의 정신적 이상과 심상에 일치한 후에야 비로소 만족할 것이다.

인간이 살면서 겪는 실패, 그리고 인생의 부조화와 가난은 실제적으로 인간의 나약한 성격을 상징적으로 나타낼 때가 매우 많다. 그는 능력이 많을지도 모르지만, 전심전력하는 노력이나 확고함이 부족할지도 모른다. 따라서 모든 일에서 실패해서 아내와 딸들이 그를 부양해야 한다.

그는 자신이 운이 좋지 않은
상황이라고 장담하지만,
그의 실패의 실제 원인은 그의 성격,
더 정확히 말하자면 '부족한' 성격에 있다!

그러므로 인간의 가난과 부족, 또는 재정적 어려움이 그의 나약한 성격 때문이라면 분명히 스스로 변해야 한다. 그 나약한 성격이 그가 하는 일과 사람들을 대할 때 무능함과 서투른 봉사와 부족한 판단력이라는 형태로 분명하게 나타난다면 더욱 더 그렇다. 그는 자신의 상황이 영구적으로 나빠지기 전에 반드시 자신을 변화시켜야 한다.

성공하지 못한 사람들을 다룰 때 어려운 점은 모든 어려움의 원인이 그들 자신이라는 것을 깨닫게 하는 데에 있다.

[10]그러나 그들이 정말로 이 사실을 깨달을 때까지 상황은 절망적이고, 그들에게 도움이 될 수 없다. 하지만 이 어려움의 원인이 자신의 잘못이라고 인정할 때, 그들은 자기 계발이라는 방법을 통해서 불행의 해결책과 어려움을 벗어날 방법이 있다는 것을

The Science of Thought Press 사에서 출판한 나의 또 다른 저서 『The Fundamentals of True Success』를 참조하기 바란다.

알 수 있다.

그러므로 그들이 자신에게 숨어 있는 나약함을 찾게 하고, 그들의 어려움의 원인인 성격에 있어서 투지, 과단성, 확고함, 끈기, 인내, 정직, 결단력에 있어서의 부족함과 같은 나약한 부분을 강하게 만들게 하라. 그러면 그들은 자신들의 환경이 점차 호전되는 것을 알게 될 것이다.

모든 것은 마음에서 비롯된다 — 먼저 마음이고, 그런 다음 밖으로 나간다. 이것이 법칙이다 — 따라서 항상 마음속에서 변화가 일어나야 한다.

우리는 완벽하고 무한한 이 우주를 유한한 감각으로 인식하고 받아들이기 때문에 우주를 불완전하다고 여긴다. 그리고 이것을 통해서 우리의 마음속에 우리가 겉으로 나타내는 불완전하고 유한할 수밖에 없는 이미지를 형성한다. 그래서 더 좋은 것이 있다는 것을 모른다고 생각하는 것이 사실이다.

그러나 '신의 모습으로 형상화뇌고' 현실에서 실제로 존재하는 우주는 무한하기도 하고, 완벽하기도 하다. 우주는 또한 무한히 완벽하다. 무한히 완벽하고, 온전하고, 완전한 이 우주에는 결핍이나 부족함이 없다. 결핍과 부족함은 인간의 마음에서 비롯된다. 신의 마음속, 즉 우주에는 원래 결핍이나 부족함이 없다.

이런 종류의 조금은 기초적인 책에서
이렇게 대단히 흥미로운 주제를 더욱 깊이 다룰 수는 없다.
이 책에서는 오직 현실은 무한히 완벽하고, 완전하다는 사실,
따라서 (실제로) 어떤 부족함이 전혀 있을 수 없다고
말하는 것으로 충분하다.

우리 주변에 보이는 명백한 부족함과 결핍은 인간의 마음의 결과물이다. 결핍과 부족함을 자각하고 사는 사람들은 제한에 꽉 묶인 삶을 산다. 그들은 결코 결핍 상태에서 헤어 나올 수 없다. 결핍은 그림자처럼 그들의 뒤를 따라다닌다. 실제로, 외적인 삶에서 결핍은 그들의 마음 상태와 정신 자세의 그림자이거나 결

핍을 반영하는 것뿐이다.

다른 한편으로, 지금 있는 것으로 충분하다고 자각하면서 사는 사람들은 필요한 것에 대해 걱정하지 않는다. 그들이 처한 상황은 그들의 마음과 정신 자세가 어떤 유형인지 그대로 나타낸다. 그들이 부유해질 것이라고 말하는 것은 아니다. 왜냐하면 그들 가운데 대부분은 겨우 최소한의 것으로 그럭저럭 살아가는 것을 더 좋아하기 때문이다. 그리고 꽤 많은 사람들은 그것이 어떤 종류일지라도 부를 소유하고 싶은 생각이 전혀 없기 때문이다. 그런데도 그들은 필요한 것에 대해 걱정하지 않는다. 왜냐하면 필요한 것은 그때마다 항상 충만하게 채워지기 때문이다.

많은 독자들은 부의 소유를 죄라고 여긴다. 개인적으로 이 단계에서 그것을 전적으로 피할 수 있는 방법이 있는지 모르겠다. 사업을 진행하고 기업을 운영하는데 자본은 꼭 필요하다. 하지만 부를 보유하는 것에 관한 한, 나는 확실히 그것은 어리석고 불필요한 것이라고 생각한다.

영적인 삶에 부(富)보다 치명적인 것은 아무것도 없다.

술고래와 매춘부에게는 항상 희망이 있지만,

부를 짊어지고 있는 사람이 하늘 왕국에 들어가는 것은,

물론 불가능하지는 않지만, 가장 어렵다.

어떤 부유한 사람들은 천국에 들어갈 수 있는데

그들은 단지 부를 중요하지 않은 것,

즉 오직 잠깐 동안 관리하는 것으로 생각하기 때문에

들어갈 수 있는 것이다.

부(富)를 보유하는 것은 단지 빈곤만큼이나 불필요하다. 부와
가난은 둘 다 근본적인 잘못에 기초를 둔다. 이 잘못은 모든 물질
적인 것은 반드시 물질적인 원천이 있어야 한다고 생각하는 데
에 있다. 다시 말해서, 물질은 양에 있어서 한계가 있기 때문에
싸워서 움켜잡아야 한다고 생각하는 데에 잘못이 있다.

물론, 진실은 에너지의 원천은 영적인 것이고, 따라서 한계가 없다는 것이다. 결과적으로 이 진실을 깨닫는 사람은 결핍이나 부족함을 전혀 생각하지 않고, 그것을 더 이상 두려워하지 않는다. 다른 한편으로는 그 사람은 부를 보유하거나 움켜쥘 이유가 없다. 우주의 기운이 영원히 보장된 사람에게 부가 무슨 소용이 있겠는가?

우주의 에너지의 흐름에 대한 이러한 진실을 아는 모든 사람들은 정말로 부를 경멸하거나 매우 조금만 소유한다. 그들은 부를 소유하고 싶은 어떤 욕망을 지니는 것을 멈춘다. 그들이 왜 그런 욕망을 가져야 하는가? 사람들은 가난을 몹시 두려워하기 때문에 부를 갈망한다. 그리고 부를 소유하면 공포에서 해방될 것이라고 생각하기 때문에 그것을 열망한다. 그러나 그들이 이 진리를 알 때, 그들이 원하는 것을 받을 수 있다는 것도 알게 된다. 따라서 그들은 더 이상 재산을 관리하는 것과, 부에 대한 책임을 간절히 바라지 않는다.

부(富)는 가난처럼 비정상적인 것이다.

　어떤 사람들은 특별한 계획을 세우지 않고, 우주의 에너지에 완전히 의존해서 산다. 그들은 결코 부유해지지는 않지만, 부족한 모든 것을 우주로부터 받는다. 항상 딱 맞는 시간에 무언가가 도착해서 필요한 것을 충족시킨다. 이렇게 살기 위해서는 매우 활동적인 우주와의 소통이 필요하다. 하지만 그 삶의 결과는 해가 뜨는 것처럼 분명하다.

　우주의 에너지의 흐름에 관한 진리를 이해하는 것은 우주에 대한 믿음의 필수 기초이다. 그것 없이는 계획 없는 삶이 불가능하다. 우주의 섭리나 마음의 법칙의 작용을 믿기 전에, 가난과 부족의 완전한 허위성과 비현실성을 꼭 '알아야 한다.'

　우주가 영적인 대상이라는 것과, 그 속에서 우리는 살고 움직이고 생존한다는 것, 그리고 우리는 매우 작은 일부분이지만 그

럼에도 불구하고 전체의 일부분이기 때문에 모든 시대를 통해서 필요한 모든 것이 분명히 공급된다는 것을 꼭 알아야 한다.

우리의 부족한 것을 충분히 채워주는 우주의 파동은 실제로 존재한다. 믿음의 부족, 그리고 두려움과 무지와 나약한 성격의 산물인 가난과 부족함은 인간의 마음에서 비롯된 것이다. 실제로 존재하지 않는 것이다. 즉, 영속성이나 현실성이 없는 부정적인 것이다.

우리가 이 진리를 배웠을 때 항상 그것을 자각하면서 살아가야 한다. 마치 우리는 이미 충분히 모든 것을 받았다는 것처럼 생각하고 행동하면서 우주의 파동을 느껴야 한다. 돈을 쓸 여유가 없으면 쓸 필요가 없고, 빚을 얻을 필요도 없다. 그리고 단지 정신적으로 에너지를 우주로 발산해서 풍부하게 공급될 것이라고 생각하면서 살아야 한다.

의식의 변화가 먼저 일어나서 잘 확립되어야 한다. 그래야만 그 변화의 결과가

외 적 인   삶 에   분 명 하 게   나 타 난 다 는   것 을
기 억 해 야   한 다 .

진리, 즉 우리의 모든 에너지의 원천이 우주라는 것과, 성스러운 원천은 한계가 없다는 것을 깨닫는다면, 이러한 더 높은 차원의 의식으로 들어가는 것은 쉽지 않다. 비록 그것이 어떤 사람들에게는 쉽고, 또 다른 사람들에게는 더 어려울지라도 말이다.

더 높은 차원의 의식으로 들어가기 위해서는 지속적인 정신활동과 주의 깊음이 요구된다. 인내하면서 끈기 있고 올바르게 생각해야 한다. 그런데도 그것은 성실한 사람에게만 가능하다. 이 우주가 기꺼이 내어줄 것이라는 것을 의식하면서 살면, 삶은 분명히 달라진다. 그리고 적극적인 믿음을 나타냄으로써 삶은 무의식적인 행동 변화 때문에 영향을 받게 된다.

우주가 나눠 준다는 주제를 내적인 측면에서 이미 다루었기 때문에 이제 공급이라는 주제를 외적인 또는 실제적인 측면에서

다루어 보겠다. 후자도 물론 전자만큼이나 중요하다.

이 장에서는 부지런하고 절약하는 삶을 살지 말라고 가르치는 것이 아니라, 오히려 그 반대다.

이 것 은 우 주 의 법 칙 에 일 치 하 는 것 이 다 .

자연계와 영계에 모두 경제 법칙이 있다. 외견상으로 자연은 매우 소비적이고 낭비가 심한 것처럼 보이지만, 실제로 자연은 어떤 것도 낭비하지 않는다. 피할 수만 있다면 말이다. 따라서 진정한 부자들의 행동은 우주의 법칙에 일치한다. 얼마나 우리에게 좋은 교훈인가! 신중하고 절약하는 것은 마음과 성격이 모두 우월한 사람의 특징이다.

어찌할 수 없는 가난한 사람들이 낭비가 더 심하다. '부유하게 사는' 사람들은 매우 가난한 사람들보다 훨씬 더 신중하고 절약한다. 예외도 있는 것이 사실이지만, 돈을 저축할 수 없는 사람은 마음속에 성공을 하고자 하는 마음이 없다는 것이 통칙이다.

우주가 필요한 것을 내어주지만, 그것을 낭비하는 것은 결코 옳지 않다. 우주의 법칙을 거스르는 것이다. 스스로 어떤 것들을 부인하는 무능함은 나약한 성격을 나타낸다. 그리고 성공을 가능하게 해주는 목적 의식이 부족하다는 것을 보여준다.

내가 매우 잘 아는 두 사람은 변변찮은 수입에서 얼마를 떼어 어떤 사업에 투자했다. 이로 인해서 항상 어려움이 시작된다. 예비된 어려움을 극복할 수 없다면 당신은 전쟁터와 같은 인생에서 스스로 가져야 할 확고한 목표가 없는 것이다. 반면에, 일단 초반에 어려움을 극복한다면 당신의 배를 번영의 흐름에 띄우는 것은 어렵지 않다.

일단 나눌 수 있는 무제한적인
풍부함이 있다는 것을 깨달을 때,
이러한 풍부함을 의식하면서 사는 것을 배워야 한다.

그리고 동시에 현재 수입의 범위 안에서 살고,

현재의 맡은 일을 잘할 때,

당신은 이미 풍요로운 삶의 길을 시작한 것이다.

'자신'을 위한 풍요로움과 충만함이 있다는 사실을 깨닫고 나서, 정말로 그걸 믿는 사람은 곧 확실히 자신에게 기회를 가져다줄 강력한 법칙을 가동시킨다. 그러나 많은 사람들은 잠시 동안 일종의 이중생활을 해야 한다는 것을 모르기 때문에 희망을 파괴한다.

그들은 의식적으로는 부유해야 하지만, 실제로 행할 때는 신중하고 검소해야 한다. 언젠가 그들의 부(富)가 크게 늘어날 때가 올 것이다.

그때 그들이 현명하다면 수입에 맞춰 사는 대신에 수입의 일부분으로 살 때가 올 것이다. 이렇게 살면 자선을 목적으로 쓸 돈이 크게 남을 것이고, 추가로 기회를 잡을 여지와 재산을 더 늘릴 수 있는 길도 생길 것이다.

많은 사업가들은 매우 개인적인 지출로 인해서 거의 또는 전혀 저축을 하지 못한다는 이유만으로 절호의 기회들을 놓칠 때가 많다.

혹은 다른 방법으로 심각한 장애와 해악을 끼칠지도 모를 다른 사람들이 이익의 많은 몫을 차지하게 할 뿐만 아니라, 자신의 계획을 공유하게 해야 한다.

요컨대 부(富)의 원천은 영적인 것인 반면에 물질적인 수단을 통해서 우리에게 온다. 그리고 그 원천의 일부를 나누어 가지기 위해서 반드시 획득해야 한다. 우리가 부유함이라는 방식으로 삶에서 얻는 것의 대가로 무언가를 내주어야 한다. 받기 위해서는 먼저 주어야 한다. 또한 이때 우리가 주는 것은 세상에서 분명히 원하거나 필요한 것이어야 한다.

그렇다면 부유함의 비밀은 마치 어떤 물질적인 수단이 존재하지 않는 것처럼 완벽하게 무제한적인 풍요로움이 있다는 것을 깨닫고 그것을 의식하면서 사는 것이다. 그리고 동시에 마치 영적인 부분이 없는 것처럼 열심히 일하고 신중하게 생활하는 것이다. 우리는 세상이 원하는 무언가를 세상에 주어야 한다.

만일 내어줄 재산이 없다면 유용한 능력으로 봉사하고, 모든 일을 할 때 정직함, 성실함, 공정함을 발휘해야 한다. 세상의 모든 부(富)가 충분하게 넘쳐흘러 우리에게도 그 몫이 저절로 돌아온다는 것을 기대하는 것은 어리석은 짓이다. 총명하고 성실하게 봉사함으로써 부를 얻어야 한다.

나는 심지어 건강하지도 못한 채 아무것도 없이 삶을 시작하는 은퇴한 사업가이기 때문에 이 주제를 사업가의 관점에서 바라보았다. 그러나 이 원칙은 모든 계층의 사람들에게 적용되고, 각각의 독자들은 이 가르침을 자신의 특정한 목적에 맞게 변경할 수 있다.

'알파고' 같은 잠재의식의 능력을 활용하기

잠 재 의 식 의   힘 과   한 계

잠재의식은 자연의 의식이다. 그것은 비범한 힘과 지성을 소유하지만 영감은 없다. 잠재의식은 본능적이다. 다시 말해서, 잠재의식은 동물적이다. 그리고 자연적이다. 그러나 잠재의식에는 신의 존재와 같은 성스러운 것은 아무것도 없다. 잠재의식은 세속적이고 물질적 차원의 것이다. 또 그것은 우리의 몸속에 있는 내적인 자연의 힘으로 설명할 수 있다.

 잠재의식을 바르게 이끈다면

매우 훌륭한 친구가 될 것이다.

그리고 잠재의식은 모든 반복되는 생각과 행동을

습관으로 만들며, 이윽고 자리를 잡아

바로 삶 자체의 일부분이 된다.

따라서 의식적으로 올바르게 생각하고 행동함으로써 좋은 습관이 형성된다. 또 시간이 지남에 따라 실제로 무의식적으로 생각하고 행동하게 된다. 물론, 이런 과정을 통해서 성격이 형성되고 차례로 삶에 영향을 미친다.

그때 이런 적극적이고 충실한 종을 올바르게 사용하는 것이 얼마나 중요한지 알게 될 것이다. 잠재의식은 신이 아니다. 그것은 영감은 없지만 매우 유용한 하인이다. 우리도 곧 그 사실을 알게 될 것이다.

대부분 우리는 무의식적으로 행동하거나 움직인다. '연습이 완벽함을 만든다'라고 말하는 이유는 잠재의식이 일하는 방법을 배우고 그렇게 함으로써, 그 일이 우리의 손에서 벗어난다는 뜻이다.

자동차를 운전하는 방법을 배우는 것은 얼마나 힘든가. 처음에 얼마나 조심스럽게 클러치를 두 번 밟아야 하고, 소리 없이 '변경'하기 위해서 적당한 엔진 회전 속도를 내야 하는가.

그러나 얼마 지나지 않아 무의식적으
로 그 모든 행동을 한다.

피아노 연주도 마찬가지다. 많은 연주자들은 어려운 클래식 음
악을 '의식적으로' 머리에 떠올리지 않고도, 다른 사람들보다 더
잘 연주할 수 있다. 다른 사람들은 '기억하려고 노력'하자마자 곡
전체가 기억나지 않는다. 그러나 그 곡 전체를 (결코 잊어버리지 않
는) 잠재의식에 놔두는 한 계속 연주할 수 있다.

실제로 이 책을 쓰고 있는 것도 의식적으로 생각을 해서
쓰는 것은 아니다. 우리는 여러 가지 생각을 하고 문장을
만들지만, 문장을 기록하는 것은 잠재의식이다. 내가 각각
의 단어와 글자를 생각해야 한다면, 책을 쓰는 일은 절망
적일 것이다. 그리고 분명히 피로 때문에 거의 죽을 지경
에 이를 것이다.

그러나 잠재의식은 훨씬 더 희망적이다. 왜냐하면 잠재의식은

생각의 대부분을 생각하기 때문이고, 너 많은 일을 하도록 배울 수 있기 때문이다. 우리가 항상 논리의 법칙에 따라 모든 것을 열심히 생각해야 한다면, 삶은 견딜 수 없을 정도로 힘들어질 것이다.

이렇게 하는 대신에, 잠재의식이 대부분의 생각을 대신 해준다. 그리고 잠재의식에 기회를 준다면 매우 정확한 방식과 '어떤 피로감도 느끼지 않고' 논리적인 법칙에 따라 엄밀하게 처리할 것이다. 잠재의식이 우리 대신 일상적인 생각을 하도록 훈련을 많이 시키면 시킬수록 우리는 덜 피곤할 것이다. 잠재의식은 피로를 모른다. 따라서 잠재의식은 결코 피곤하거나 지칠 수 없다.

우리가
잠재의식에게 처리해야 할
명확한 일을 위임한다면,
잠재의식은 우리 대신
점점 더 많은 일을 할 수 있다.

사고를 통제하는 방법을 배운 사람, 어떤 사안을 맡아서 그것을 모든 방면에서 고찰한 다음 그 문제를 의식적으로 생각하지 않을 수 있는 사람은 자신의 능률을 백 퍼센트 증가시킬 수 있다. 그리고 자신의 정신적인 피로를 거의 소실점까지 줄일 수 있다.

문제를 열심히 해결하고 그 문제에 대해서 걱정하고 생각하는 대신에 단지 그는 그 문제를 잠재의식에게 맡긴다. 잠재의식은 매우 빠른 속도로, 매우 정확하게, 전혀 힘들이지 않고, 쉬지 않고 일하는 인공 지능 '알파고'처럼 그 문제를 처리한다.

그러나 이때, 반드시 사용 가능한 모든 정보를 잠재의식에게 알려주어야 한다. 왜냐하면 잠재의식은 어떤 영감이나 초인적인 지혜를 소유하고 있지 않고, 단지 제공된 사실과 정보에 따라 논리적으로 해결하기 때문이다.

또한 소위 이 위대하고 자연스럽고 지칠 줄 모르는 '잠재의식' 이라는 것은 여전히 훨씬 더 유용한 일을 할 수 있다. 작가나 연설가나 설교자는 자신의 기사, 책, 연설, 또는 설교에 필요한 메

모나 아이디어를 모아서 적절하게 순서를 정하고 나누고 세분해서 잠재의식에게 순서대로 보낸다.

연설과 설교의 초고를 작성하거나 준비하게 될 때, 자신이 하지 않아도 모든 일이 이루어진다는 것을 알게 될 것이다. 그리고 그는 전혀 힘들거나 피곤하지 않은 채 그것을 기록하기만 하면 된다.

게다가 자신의 잠재의식을 이런 식으로 사용하는 방법을 배운 사업가는 미래를 계획하고 구상함으로써, 스스로를 괴롭히거나 쓸데없이 걱정하거나 피곤해 할 필요가 없다.

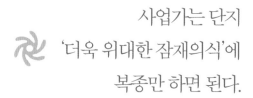

사업가는 단지
'더욱 위대한 잠재의식'에
복종만 하면 된다.

그러면 힘들게 의식적으로 생각해서 하는 것보다 전혀 힘들이지 않고, 훨씬 더 능률적으로 모든 계획하는 것이 자기 대신에 이

루어질 것이다. 아래의 예는 이제 막 나의 주의를 끈 기사인데, 이번 장의 가르침을 확증할 수 있는 놀라운 증거이다.

〈콜리어스 매거진(Collier's Magazine)〉의 최근호에 헨리 포드의 인터뷰 기사가 실렸다. 그는 성공한 사업가들이 문제를 처리하는 방법에 대해서 말했는데, 그들은 계획이나 생각을 숙고하고 괴로워하는 데 많은 시간을 쓰지 않는다고 지적하면서 다음과 같이 말했다.

"어떤 생각이 우리에게 떠오르죠. 우리는 그것에 대해서 잠깐 생각한 다음 '냄비에 넣고' 끓여요. 잠시 끓인 다음 그것을 꺼내죠."

헨리 포드가 하는 말의 의미는 물론 우리가 지금까지 말하고 있는 것을 정확하게 표현한 것이다. 즉 생각이나 문제는 잠재의식으로 쫓아 보내고, 잠재의식이 문제를 해결하게끔 하고, 그걸 다시 의식적인 생각에 보내서 판단하게 한다는 것이다.

발명가나 기계와 관련된 것을
만들고 있는 사람도
잠재의식을 정확하게 똑같은 방법으로
사용할 수 있다.

어떤 해답이나 생각이 떠오를 때 성공적인 결과가 나올 수 있도록 하려면 그가 전체적인 문제를 요약하고, 모든 사실과 이용 가능한 정보를 배열하고, 그 모든 것들을 잠재의식으로 전달하게 하라. 그리고 기억하라. 이 모든 일이 전혀 조금도 힘들이지 않고 끝난다.

이 모든 것은 특히 어떤 독자들에게는 다소 놀랍고 믿기지 않는 것처럼 보일지도 모르지만, 주술적이거나 불가사의한 것은 아무것도 없다. 나는 위대한 작가, 또는 정치가나 사업가는 자신의 잠재의식을 이런 식으로 사용한다고 분명히 확신한다.

물론 무의식적으로 그렇게 하겠지만, 모든 처리 과정은 동일하다. 어떤 사람들은 자신의 의식 전체를 자연스럽게 이용한다. 이 사람들은 성취도가 높은 사람이 되고, 책임 있는 위치를 맡으며, 압박감이나 걱정이나 염려 없이 엄청난 부담감을 견딘다.

그들은 어깨에 놓인 책임감을 무겁게 느끼지 않는다. 그리고 자신의 위치에 있을 때, 그리고 평범한 사람들이라면 정신을 못 차리는 일과 어려움에 직면했을 때에도 평정심을 유지한다. 그리고 감정을 억누르지도 않는다.

이런 사람들은 주의력과 집중력을 고도로 키운다(성실한 사람은 누구든지 이렇게 할 수 있다). 그들은 문제의 근원을 캐기 위해 매우 고심해서 모든 이용 가능한 자료를 얻는다. 하지만 그 후에 모든 일을 하고, 결정을 내리는 것은 잠재의식이다.

잠재의식을 올바른 방법으로 사용하는 것이 소수의 사람들에게는 자연스러운 반면에, 다수의 사람들에겐 그렇지 못하다는 것을 문득 알게 된다.

그러나 그런 사람들은 훈련으로 기술을 익힐 수 있다.

첫째로, '마음대로' 문제를 받아들이거나, 마음에서 완전히 몰아내기 위해서 사고를 통제하는 방법을 배워야 한다. 어떤 문제를 해결하기 위해서 그 문제를 잠재의식으로 보낼 때, 그 문제를 의식적인 생각에서 완전히 지워야 한다. 그 문제를 걱정하지도, 깊이 생각하지도 말아야 한다. 단지, 잠재의식에 그 문제를 완전히 남겨 놓아야 한다.

둘째로, 그 문제와 관련된 모든 가능한 세부사항과 정보를 의식적인 생각으로 파악해야 한다. 그리고 잠재의식으로 전달하기 전에 문제 전체를 찬반양론으로 시각화해야 한다. 그때, 가장 높은 수준의 사고 통제가 필요하다는 것을 알게 될 것이다. 또한 주의력과 집중력도 필요하다. 그러나 진실로 성실한 사람은 누구든지 이렇게 다 할 수 있다.

잠재의식을 사용하는 바람직한 출발은
마치 잠자리에 드는 사람처럼
그 문제를 머릿속에 간직하는 것이다.

어떤 경우에도 그 문제를 해결하거나, 그 문제에 대해서 걱정하려는 시도를 결코 하지 말아야 한다. 대신, 양쪽에서 그 문제에 관한 중요한 사실과 자료들이 결집되어야 하고, 변호사에게 문제를 맡기는 것과 거의 똑같은 방식으로 그 문제를 잠재의식으로 보내야 한다.

이런 과정이 끝난 후에 모든 문제를 잠재의식으로 밀어 버려라. 그러면 대부분의 경우, 아침에 일어나면 당신 입장에서 볼 때 조금도 힘들거나 피곤하지 않고 문제가 원만하게 해결됐다는 것을 알게 될 것이다.

이것은 물론 잠재의식이 자신의 주인이 되어야 할 사람을 섬길 수 있고, 진실로 섬기는 많은 방법 중의 단지 하나일 뿐이다.

이러한 보이지 않는 위대한 자연의 힘은 항상 작용하고 있다. 마음에 간직한 이상이 무엇이든지 그것은 지칠 줄 모르는 잠재의식의 작용을 통해서 삶 속으로 배어 들어가게 된다.

오직 높고 고귀한 업적을 성취하는 것에 주의를 집중하라. 그러면 당신은 그 업적을 성취하는 것에 모든 보이지 않는 내적인 자연의 힘을 집중시킬 것이다.

시간이 지나면 당신은
뿌린 대로 거둘 것이다.

당신의 주의를 올바른 경로에 기울이고, 열정적이면서도 의식적인 행동으로 그것을 뒷받침하라. 그렇게 한다면, 당신의 잠재의식은 밤낮으로 당신을 도울 것이다. 따라서 당신은 틀림없이 성공하고, 원하는 것도 얻을 수 있을 것이다.

우주적인 마음에서 오는 영감을 일상화하기

초 의 식 의   사 용

우리는 이미 잠재의식이 비록 놀라운 것일지라도 단지 본능적인 것이고, 영감과 소위 말하는 독창성이 부족하다는 것을 알았다. 모든 영감은 우주적인 마음, 즉 초의식에서 온다. 모든 시인들과 영감을 받은 작가들은 초의식에서 영감을 받는다. 이 고차원적인 정신은 심리학자들도 인식하지 못하지만, 영적인 진리를 찾는 사람들에게는 오래전부터 알려져 있었다.

무의식에서 얻을 수 있는 것은 잠재의식에 공급된 정보와 지식의 결과이다. 하지만 초의식에서 얻는 것은 더 높은 수준에서 내려오는 직접적인 영감이다.

더 높은 수준의 정신은 깨달음의 정신이라고 불릴지도 모른다. 왜냐하면 더 높은 수준의 정신 속으로 들어가는 사람들은 깨어 있고, 진리를 알고, 사물을 감각적인 현상으로만 보지 않고 본질을 있는 그대로 볼 수 있기 때문이다.

우리가 살고 있는 세상에서

이렇게 제한된 의식만을 갖고 사는 이유는,

우리의 오감이 제한되어 있기 때문이다.

우리 주변에 보이는 우주는

부분적으로는 실제로 존재하는 것이고,

또 부분적으로는 환상이다.

실제 우주는 영적이고 무한하다.

우리가 일상적으로 감지하는 세계는
실제 우주의 한 조각으로,
제한적이고도 부분적인 개념일 뿐이다.

우주에 대한 우리의 제한적이고도 유한한 개념은
완전히 오해의 소지가 있고 잘못된 것이다.

감각적인 증거와 인간의 마음에 의존하는 한, 우리는 무지함과
불확실한 상태에 계속 남아 있을 것이다. 그러나 우리가 초의식
의 영역으로 올라갈 때 우리의 의식은 확장되고, 감각과 물리적
차원의 한계를 초월한다.

물론 우주의 미세한 파동에 더욱 정교하게 맞추는 사람들만이 영적인 마음에 접속한다. 소유할 가치가 있어도 노력하지 않으면 아무것도 소유할 수 없다. 그리고 배우는 사람은 오직 자기 수양을 충분히 한 후에 자신의 의식을 더욱 높은 차원으로 올려야 우주적인 마음의 관점에서 인생을 이해할 수 있다.

이런 고차원적인 의식을 사용하는 것에 대해 신비주의적 또는 물리적인 것은 아무것도 없다. 단지, 고차원적인 의식을 사용하는 사람은 영적인 마음으로 바라보게 될 뿐이다. 그것이 전부다.

그는 무아지경에 빠지지도 않고, 천리안을 소유하게 되지도 않는다. 그냥 여전히 정상적이고 평범한 사람의 상태이다. 단지, 차이가 있다면 보통 사람보다 자신의 정신을 더욱 많이 사용한다는 것뿐이다.

이러한 고차원적인 의식, 즉 초의식,

또 다른 말로 '우주적인 마음'을 사용할 수 있는 사람은

'독창성'이라는 뛰어난 자질이라고 일컬어져 내려온 것을 계발한다.

설사 어떤 사람이 매우 평범함을 초월한다 해도 그것은 분명히 더 높은 차원, 즉 그의 초의식에서 온 직접적인 영감을 통해서 이루어진 것이다. 설사 어떤 사람이 인류를 풍요롭게 하고, 공익을 도모하게 해줄 새로운 생각을 내놓는다고 해도, 그것은 분명히 고차원적인 의식을 통해서 온 것이다.

우주의 마음과 제대로 자신의 마음의 레이더를 맞춘 사람은 초의식을 통해서 인간을 초월하는 지식과 성스러운 지혜를 받는 사람이 된다.

그는 직접적으로 앎으로써 아는 것이다.
그는 끊임없이 밀려오는 성스러운 지혜를 통해서 지혜로운 사람이 된다.

그는 진짜와 가짜를, 금과 찌꺼기를 구별할 수 있다.

또한 인생의 올바른 길을,

평범한 사람에게는 완전히 불가능한 것을,

알고

인식하고

또 그렇게 산다.

따라서 참된 성공을 누리는 인생을 살면서 얻을 수 있는 진정한 선(善)에 이르게 된다.

말하자면,
모든 지혜가
내면에서 나온다는 것이다.

책에 쓰인 말들이 도움이 될지도 모르지만,

그런 말을 알려주고 지혜를 추구하는 사람에게

그 말을 진짜와 사실로 만드는 것은

독자의 마음속에 있는 영혼이다.

성스러운 영혼의 에너지에 의해서 내면이 깨어났고

오직 우주적인 마음을 통해서만

진정한 지식을 얻을 수 있다고 깨달은 사람은

그 우주적 깨달음에 이어진 길로 잘 나아가

고 있는 셈이다.

인간의 머릿속에 있는 지혜는
항상 실망감을 준다.

그것은 감각들로 얻어진 증거에 기초하는데, 그 증거는 잘못된
것이다.

따라서 그 증거를 통해서 발견한 결과는 항상 '진정한' 지혜가
부족하다.

성스러운 지혜가 주는 영감에 의지하는 사람은

자신의 최선의 이익과 분명히 반대되는 행동 방침을 취하도록 결정해야 할 때가 종종 있다.

그러나

그가 내면의 지혜를 따른다면

자신이 항상 올바르게 인도되고 있으며,

나중에 그 빛을 따라간 것에

진심으로 감사해야 할

이유가 있다는 것을

알게 된다.

습관을 탈출하는 방법을 내면화하기

인 격 도 야 와 습 관 극 복 하 기

인격 도야는 인생의 가장 위대한 목적이다. 인격은 우리가 세상을 떠날 때 가지고 갈 수 있는 유일한 것이라고 전해 내려져 왔다. 이 말은 완벽하게 진실이다. 따라서 (신앙심이 아닌) 모든 종교와 정신 수련과 자기 계발의 목적은 인격의 도야가 되어야 한다.

 인격을

도야하지 않는

종교는 가치가 없다.

평생 살면서 '완전히 실패하고' 인생의 시련을 가능한 한 멀리 피하고, 인격을 향상시키기 위해서 어떤 노력도 하지 않으며, 어떤 교리를 믿는 것을 통해 단지 죽음으로써 기적적으로 완벽해질 수 있다고 생각하는 사람은 자기 자신을 속이고 있다.

그리고 우리는 '완벽해질' 수 없다. 즉 어떤 교리를 믿음으로써, 또는 죽음을 통해서 강하고 완벽한 성격의 사람이 될 수는 없다. 그러나 성취를 통해서는 그렇게 될 수 있다. 하늘은 스스로 돕는 자를 돕는다. 그리고 더 나은 것을 성취하기 위해서 열심히 노력하려 하지 않는 사람들은 성취할 수 있는 모든 영광스럽고 멋진 가능성으로부터 스스로를 단절시킨다.

그러나 그런 고결한 가능성을 성취의 길로 들어가는 것으로 생각한다. 또는 신의 형상으로 변하고 본받아 살아가기 전에 보통 사람은 살면서 자신을 억압한다. 그리고 아마도 자신의 건강을 악화시키고 있을지도 모르는 나쁜 습관과, 나약한 성격을 극복하는 방법을 알고 싶을지도 모른다.

대부분의 사람들은
자신이 극복해야 할 몇 가지 잘못된 습관과
뿌리 뽑아야 할 나약한 성격을 잘 알고 있다.

아마도 그들은 여러 해 동안

습관이나 나약함과 싸워왔고

지칠 때까지 기도했으며

새 사람이 되기 위해서

수도 없이 시도했을 것이다.

그런데도 모든 것이 헛되이 끝났다.

왜냐하면

습관은

고통 속에서도

변함없이 굳건히 남아 있기 때문이다.

많은 사람들은 일종의 이중인격자 생활을 하지 않으려는 투쟁과 노력을 포기해서

겉으로는 기독교인이나 의인처럼 살지만

속으로는 매우 다른 사람으로 산다.

그러나 그들은 이러한 이중생활에서 어떤 만족감도 발견하지 못한다.

왜냐하면

그들은

자신도 모르는 사이에

점점 나락으로

가까이 가고 있기 때문이다.

그러나 모든 사람들에게 열려 있는
탈출 방법이 하나 있다.

무한한 존재, 즉 우주가 인간에게 명백하게 무제한적인 힘들을
제공한다. 인생과 인격을 세우거나 파괴하는 데 사용할 수 있는
힘 말이다.

이 힘들은 잠재의식에서 나오는 힘들이다. 이 잠재의식은 무제
한적이고 지칠 줄 모르는 힘들의 보고(寶庫)이다. 그리고 그 힘을
올바르게 사용한다면, 그것은 우리의 최고의 친구가 된다. 반대
로 그 힘을 악용하면 그것은 우리의 최악의 적이 된다.

나쁜 행동에 빠질 때마다 신경계에 놀라운 변화가 발생한다.

그리고 나중에 잘못된 행동을 더욱 쉽게
하기 위해서 에너지가 어떤 세포에 축적
된다.

마찬가지로 올바른 행동을 할 때마다 비슷한 변화가 반대로 발생한다.

그리고 나중에 올바른 행동을 더욱 쉽게 하기 위해서 에너지가 어떤 세포에 축적 된 다 .

이것은 엄청난 습관의 힘을 설명한다.

우리의 몸과 뇌와 신경계는
우리가 몰두해 있는 행동의 유형에 따라
더 나쁜 쪽으로든지, 더 좋은 쪽으로든지 변하게 마련이다.

우리는 인생이 얼마나 멋진 모험인지
　　　　아직 충분히 깨닫지 못하고 있다.

우리는 엄청난 힘을 받았고, 그 힘을 사용하든지 잘못 사용하든지 우리 자신을 파괴하거나 모든 가능한 방면으로 인격을 도야할 수 있다. 얼마나 책임이 무거운가. 그러나 또 한편으로는 얼마나 영광스러운 기회인가.

그러나 악습과 나약한 성격에서 벗어나는 방법을 발견하기 위해서 실제적인 행동보다 더 깊이 생각해야 한다.

왜냐하면 행동은 숨겨진 원인의 결과이기 때문이다.

모든 행동의 원인은 생각이다.

생각은 태어나는 과정에서의 행동이라고 누군가 말했다. 우리 안에 원시적인 욕망과 충동이 있는 것은 사실이다. 하지만 단지 생각과 주의를 더 높고 나은 것들에 기울여야 한다. 그래야만 이런 원시적인 욕망과 충동을 고귀한 행동과 최고의 업적으로 바꿀 수 있다.

예를 들어, 생각과 주의를 성적인 것으로부터 지적인 추구로 완전히 기울인다면 성적인 힘은 지적 능력으로 변하게 된다. 그러나 성적인 것이나 열정을 계속 생각하면 나라가 스스로 분쟁하게 되고, 인간은 나락으로 향해 가기 시작한다.

나쁜 습관과
싸워서
극복하는 것은
불가능하다.

왜냐하면 나쁜 습관과 싸우면 싸울수록 그것은 더욱 강해지기 때문이다.

"악한 사람에게 맞서지 말아라"라는 말은
습관에도 매우 잘 적용된다.

나쁜 습관에서 벗어나는 방법은 하나다. 그 습관의 특징이 어떤 것이든지 악습이나 잘못된 습관과 싸우는 것이 아니라, 나쁜 습관의 허를 찌르는 올바른 습관을 기르는 일에 집중해야 한다. 또는 더 높고, 더 나은 것으로 주의를 돌리는 것이다.

우리가 무엇에 주의를 기울이든지, 또는 우리가 이상화하는 것이 무엇이든지 우리의 잠재의식은 삶 속에서 실제로 그것을 현실화시키기 위해서 열심히 노력한다. 습관과 싸우게 되면, 무의식적으로 그 습관에 주의를 기울이게 되는데 이것은 매우 위험한 일이다.

그러나 우리가 온 정신을 완전히 다른 것으로 돌린다면, 그 집중하는 대상이 더 높고 더 나은 것이라면, 잠재의식의 모든 힘은 주의를 기울일 새로운 대상을 만드는 일에 쏟아진다.

그러므로 우리는 습관을 극복할 필요가 없다는 것을 알게 된다. 우리가 극복해도 결과는 절망적일 것이다. 왜냐하면 인간의 의지는 잠재의식의 위력 앞에서 무력해지기 때문이다. 잠재의식의 힘은 상상력에 의해서 주도될 수 있지만, 의지에 의해서 강요당할 수 없다. 의지는 습관과 싸우기 위해서 사용해야 하는 것이 아니라, 더 높고 더 나은 것으로 주의를 일으켜서 그것에 기울이는 데 사용해야 한다.

이 방법으로 새로운 습관이 형성된다.

잠재의식의 주의력은 이제 나쁜 습관을 향하지 않고,

잠재의식의 모든 힘은 보다 나은

새로운 습관을 만드는 데로 향한다.

잠재의식은
습관이 뭐든지
신경 쓰지 않는다.

잠재의식은 습관이 좋든지 나쁘든지 관심이 없다. 그것은 단지 기꺼이 나쁜 습관만큼이나 좋은 습관을 만든다. 그러므로 각각의 사람들의 운명은 그 자신의 손에 달려 있다. 우리는 생각과 상상력을 통제하고, 주의력을 더 높고 더 나은 것으로 기울여야만 한다. 그래야 잠재의식의 모든 힘을 올바른 습관을 기르는 데에 집중시킬 수 있다.

다른 한편으로, 우리는 바람직하지 못한 것들을 생각과 마음속의 이미지로 깊이 생각하고, 수준이 낮거나 보잘 것 없는 이상에 관심을 기울이는 습관에 빠질 수 있다. 습관을 만드는 힘은 각각의 경우에 동일하게 작용한다. 매우 중요하고 절대 필요한 것은 이 힘을 쏟는 방법이다.

올바르게 생각하고 상상력을 바르게 사용하면 그에 상응하는 올바른 행동이 나타난다는 것을 강조하는 것은 매우 중요하다. 많은 사람들은 자기 암시를 사용한다. 그리고 그것이 자신의 나쁜 습관을 파괴하고, 보다 나은 습관을 기르게 해줄 것이라고 기대한다. 하지만 도움을 받지 않고는 결코 그렇게 되지도, 그렇게 할 수도 없다.

자기 암시는
건설적인 행동이 따라오지 않는다면
쓸모없다.

젊은 사람들은 에너지를 신체의 단련과 운동에 쏟아야 한다. 노인들은 취미와 지적인 추구에 관심을 가져야 한다. 정신적 수단으로 생명력을 지배하기 위해서 생각을 통제할 수 있는 사람들은 오직 진보된 사람들뿐이다. 진보되지 않은 사람들은 갑자기 나쁜 생각이나 약한 생각이 들 때, 분명히 자극을 받아서 매우 다른 무언가를 '할 것이다.' 따라서 금기된 주제에 마음을 쓰지 않고, 주의를 기울일 새로운 주제에 관심을 가질 것이다.

그것은 생각과 관심을 통제함으로써 욕망과 생명력을 다양한 경로로 기울이는 경우이다. 여기에서 진정한 종교의 가치가 나온다. 왜냐하면 진정한 종교의 가치는 새로운 이상을 삶에 가져오고, 더 높고 더 나은 것들에 관심을 기울이게 하기 때문이다.

나는 개인이 이런 더 나은 것들을 바라기 전에, 개개인의 마음속에서 변화가 일어나야 된다는 것을 깨달았다. 그러나 이런 변화가 마음속에 발생했을 때 전투는 단지 방금 시작됐을 뿐이다. 왜냐하면 사람은 각자 자기 자신의 구원을 이루어야 하기 때문이다.

그런데 처음에 대부분의 사람들은 그들의 주의를 끌기 위해서 무언가를 하고, 그들의 생각을 금기된 주제로부터 매우 다른 무언가로 이끄는 것이 꼭 필요하다는 것을 알 것이다. 그러나 나중에 올바른 생각의 학문에서 더욱 진보하게 될 때 그들은 자신의 생각을 바라는 방향으로 기울일 수 있을 것이다.

이것은 끊임없는 경계를 필요로 한다. 생각이 마음의 입구를 통과하게 하기 전에 각각의 생각을 세밀하게 조사해야 한다. 부정적이거나 무가치하거나 비열한 모든 생각을 정반대의 생각으로 바꿈으로써 마음의 변화가 뇌와 신경계에 영향을 미친다.

잘못된 생각과 행동을 만들기 위해서 사용된 이전의 세포들은, 올바른 행동을 만들기 위해서 새로운 세포들이 사용되기 시작할 때 쓰이지 않게 된다.

이 단계에서 나쁜 생각을 올바른 생각으로 바꾸고, 나쁘거나 약한 습관 대신에 올바른 행동을 실행하기 위해서 습관이 확립될 때 이 단계는 여전히 한 단계 더 높은 수준으로 이끈다. 잠재의식의 힘은 동시에 매우 나쁘게 보이지만, 대체로 무의식적으로 올바른 행동을 만들어 낸다.

예를 들어, 이를 닦는 습관이
확립될 때 적응이 될 때까지
불편한 느낌을 경험한다.

일단 지저분한 사람은 몸을 씻는 방법을 철저하게 배우고 자신을 품위 있게 만든 후에, 몸이 다시 지저분해지면 불쾌한 느낌이 들 것이다.

동일한 법칙이 인생의 더욱 중요한 것과 습관에 적용된다.

습관의 노예가 된 사람들이 오직 생각과 주의를 올바른 습관을 기르는 데에 기울인다면 예전의 나약함은 자연히 소멸될 것이다.

평생의 습관을 바꾸는 것이 쉽다고 생각해서는 안 된다.

처음에 쉬운 것처럼 보이지만 곧 더욱 강한 유혹에 이끌릴 것이다. 그리고 결국 애석하게도 다시 예전의 습관에 굴복할 것이다. 이런 일이 일어난다면 그 일에 너무 연연해하지 말아야 하는 것이 가장 중요하다.

대신에 다시 시작하는 사람은 정신을 차리고, 파멸의 직접적인 원인을 기억해두어야 한다.

따라서 경험으로 교훈을 얻은 후에 다시 자유를 향해서 밀고 나아가야 한다. 우리가 오직 (잠재의식 자체를 유지하는 것이 습관이 될 때까지) 충분히 오래 유지한다면, 잠재의식은 기꺼이 올바르게 인도될 것이다. 뿐만 아니라, 이 우주의 영적인 힘이 우리 배후에 있다는 것을 깨닫는 것이 좋은 습관을 확립하는 데 가장 도움이 된다.

무한한 존재는 한쪽이 압도적으로 우리에게 맞서지 않도록 하게 한다.

우리의 어려움은 극복하기 어려운 것이 아니다. 언뜻 보면 비록 그렇게 보일지라도 말이다. 우리가 약해지지 않는다면 항상 헤쳐 나갈 수 있다. 이 우주는 호의적인 관심을 가지면서 관망하고 있다. 그래서 애쓰는 사람이 성공할 때 그와 함께 기뻐하고, 그가 실패할 때 그와 함께 슬퍼한다. 분투는 고된 일이다.

왜냐하면 이 우주와의 합일을 추구하는 사람은 강인한 성격의 사람이 될 수 있고, 오직 분투함으로써만 그것이 이루어지기 때문이다. 그러나 강인하게 고군분투하면 항상 승리를 쟁취할 수 있다. 상황이 절망적으로 보일 때 어딘가로 탈출하는 방법이 있고 약해지지 않는다면, 자유이자 구조자인 이 우주가 그 방법을 계시해 준다는 것을 분투하고 있는 사람이 기억하게 하라.

구출 받기를 간절히 바라는
모든 사람들이 무한한 존재의 힘이
자신의 편이라는 것을 깨닫는다면
반드시 승리할 것이다!

모든 독자들이 이렇게 극복했을 때 오는 최고의 기쁨을 맛보기 바란다.

그리고 오직 계속 나아가면
반드시 승리하게 된다는,
이 사실을 깨닫는 순간
그들은 꼭 성공할 것이다.

그들은 얼마나 기쁠 것인가!

선한 싸움을 치르고 나서

습관과 나약한 성격을

극복한 사람에게 오는 것만큼

행복한 것은 없다.

LESSON 11

진정한 행복을 위한 '봉사의 법칙' 따라가기

행 복 과   기 쁨

모든 사람의 마음 속 깊은 곳에는 행복에 대한 억누를 수 없는 갈망이 있다. 진보된 영혼은 쾌락을 추구하는 보통의 세상 사람만큼이나 행복을 간절히 바란다.

 진화된 영혼을 가진 사람은

행복을 간절히 찾아도

결코 찾을 수 없다는 사실을 잘 알고 있다.

그렇기 때문에 이런 사람들은 지식과 경험을 통해서 행복을 찾지 않고, 다른 사람들에게 봉사하고, 그들을 사랑하고, 자기 자신을 극복하면서 행복을 찾는다. 반면에, 쾌락을 추구하는 속인은 모든 형태의 쾌락으로 마치 이룰 수 없는 환상처럼 행복을 좇아 살아가기 때문에 결국 행복을 찾지 못한다는 것이다.

인간은 결코 자신의 삶에 만족하지 못한다.
그래서 항상 인간은
영원히 무언가
더 나은 것을 추구한다.

인간은 지혜를 배우기 전까지는 더 나은 무언가를 쾌락적인 방식과, 다양한 종류의 육감적인 방식, 그리고 부유하고 호화롭고 풍부한 방식으로 찾는다. 사람들이 진화되지 못하면 못할수록 행복을 이런 방식들로 얻을 수 있다고 생각한다. 그리고 자신의 욕망도 채워질 것이라고 믿는다. 예를 들어, 우리가 사는 도시의 소위 암흑가를 형성하는 사람들은 악하고 방탕한 방식으로 행복을 추구한다.

그러나 진화된 사람들은 더욱 고상한 것들로 기쁨을 추구한다. 그들은 지적인 추구, 우정, 그리고 순수한 인간적인 사랑으로 행복을 찾기를 바란다.

이런 유형의 진화된 사람들은 덜 발달된 사람들이 감각을 통해서 얻는 것보다 훨씬 더 많은 기쁨을 얻는다. 그러나 그들은 더욱 엄청나고 극심한 고통을 겪을 수 있다. 진화된 사람들은 미술관에서 더 큰 기쁨을 얻을 수 있다. 하지만 쾌락만을 추구하는 사람들은 그곳에서 재미있는 것을 전혀 발견하지 못할 것이다. 반면에, 진화된 사람들은 쾌락만 추구하는 사람들이라면 느낄 수 없는 것들로부터 고통을 느낄 수 있다.

그러나 예술, 과학, 문학 등에서 기쁨을 얻는 이러한 문화적 교양과 능력에도 불구하고, 행복은 여전히 변함없이 멀리 있다. 행복을 찾는 모든 시도들은 결국 '공허함'으로 이어진다. 부와 그것으로 얻을 수 있는 모든 것 속에서 또는 명성과 권력 속에는 어떤 만족감도 없다. 명성과 권력은 처음에 우리를 유혹해서 행복을 약속해 순다. 하지만 명성과 권력은 우리를 실패하게 하고, 결국 영혼의 공허함과 고통만 남게 할 뿐이다.

행복에 대한 갈망은 좋은 것이다.

왜냐하면 행복은 실제적인 경험이기 때문이다.

그러므로 행복에 대한 갈망은

우리의 영혼이 모든 이기주의의 공허함을 깨닫고,

그에 따라 지혜를 배울 수 있도록

수많은 경험을 겪게 하기 때문이다.

온갖 경험을 겪고 난 후에 영혼은 결국 행복이란 열심히 추구한다고 해서 찾을 수 있는 것이 아니라, 내적인 정신 상태라는 것을 배우게 된다.

자신이 맡은 일을 잘 수행하면 은근히 만족감이 밀려오고, 직업에서 성공할 때도 잠깐 동안 큰 기쁨을 느낄 수는 있다. 하지만 설사 그럴지라도 이런 것들로 영혼의 깊은 갈망은 만족될 수 없다.

그러나 행복은 봉사할 때 발견할 수 있다. 다른 사람들을 위해 봉사할 때 비로소 행복을 찾는다. 이때 경계해야 할 점은 우리가 행복해지기 위해서 봉사하는 것이 아니라, 단지 봉사를 즐겨서 다른 사람들에게 봉사해야 한다는 것이다. 그렇다면 그 행복감은 오래 지속되고 만족감을 줄 것이다.

이기적인 사람들이 행복하게 되는 것이

얼마나 불가능한 일인지 알려면,

단지 그들의 삶을 계속해서 관찰하기만 하면 된다.

그들은 항상 행복을 이기적으로 추구하면서 붙잡으려고 애쓸 뿐이다. 또 그들은 언제나 열심히 살고, 항상 '최고를 쫓고 있다.'

그들이 부(富)를 획득하든지, 가난한 상태로 남든지 그건 중요하지 않다. 왜냐하면 그들은 어느 편이나 똑같이 행복하지 않기 때문이다.

이와는 대조적으로, 당신이 중력의 법칙만큼 분명하고 불변한 삶의 법칙을 다루고 있다는 것을 깨닫기 위해서는 한 가지만 기억하면 된다. 바로 친절하고 완벽하게 청렴한 행동을 하고, 그 행동이 가져오는 완전히 따뜻한 행복을 경험해야 한다는 사실이다.

인생에는 반드시 목적이 있다.

그리고 이 목적에는 많든 적든 다른 사람들의 삶을 향상시킨다는 목표가 반드시 들어 있어야 한다. 또 우리는 '봉사의 법칙'을 반드시 따라야 한다. 그렇지 않으면 어떤 행복도 얻을 수 없다.

이 말이 어떤 독자들을 실망으로 가득 채울지도 모른다.

왜냐하면
그들은
분명히
어떤 사람에게도
도움이 되지 않는
직업에 종사할지도
모르기 때문이다.

사람들은 자신이 인류의 향상을 위한
고귀한 일에 종사한다면 진실로 봉사할 수 있지만,
현재의 직업에서는 불가능하다고 느낄지도 모른다.

이와 같이 생각하는 것은 매우 당연한 일인데도, 진실은 우리가 모두 봉사의 법칙을 따를 수 있다는 것이다. 그리고 현재의 직업이 무엇이든지 그 일을 하면서 지금 봉사를 시작할 수 있다는 것이다.

우리는 생계를 유지하거나, 반드시 '해야 할 일'로서가 아니라, 위대한 봉사의 법칙과 조화를 이루기 위해서 매일 할 일을 하기만 하면 된다. 많은 사람들과 세상에 사랑을 제공하는 일로써 말이다.

직업의 가치에 대한 우리의 생각은 '내면의 지혜'의 관점에서 보면 완전히 잘못된 것이다. 문 앞을 빗질하는 것을 진정한 봉사

정신으로 여긴다면, 그것은 불멸의 시를 쓰는 것이나 나라를 위해서 죽는 것만큼이나 매우 가치 있고 중요한 일이다.

물론 솔직히 말해서, 봉사하는 마음으로 하는 행동 하나하나가 다른 무엇보다 더 큰 가치가 있거나 더욱 중요하다고 말할 수는 결코 없다. 우리가 반드시 기억해야 할 것은 바로 '동기'이다. 이 우주의 고귀한 법칙에 부합하는 것은 오직 '동기'뿐이다.

그러므로 동기가 올바르다면 당신은 가장 보잘 것 없고, 누가 봐도 가장 쓸모없는 직업에 종사하더라도 '봉사의 법칙'에 부합하기 때문에 행복할 수 있다.

행복으로 가는 또 다른 길은
본성을 정복하는 것이다.

즉, 나약함을 극복하고 더 높고 더 나은 상태로 올라가는 것이다.

이제부터 낡은 습관들은 무너진다.

성격에 있어서도 약점들은 소멸해간다.

장점은 극대화된다.

그리고 계속 증가하는 자유와 해방의 상태가 시작된다.

이러한 일들이 매일 파도처럼 밀려올 때,

우리가 그 사실을 온 영혼으로 깨달을 때

우리는 극도의 행복을 느낄 수 있다.

다행스럽게도 우리는 예전과 똑같은 자신으로 남아 있을 필요가 없다. 무제한으로 더 나은 방향으로 진보할 수 있다. 왜냐하면 위로 올라가는 것에는 어떤 한계가 없기 때문이다.

행복보다 훨씬 더
고차원적인 상태가 있는데,
이것은 기쁨이다.

행복은 봉사하고 극복할 때 오지만, 기쁨은 오직 자신과 성스러운 원천이 하나라는 것을 깨닫는 사람에게만 온다.

'우리 존재의 진실'은 형언할 수 없는 기쁨이다.

어두운 이 세계의 배후에는 장엄하고 매우 기쁜 '진짜 영혼의 세계'가 있다.

영혼이 시간과 공간이라는 물질을 통과하여 '엄청난 여행'을 마친 후에 마침내 자신의 성스러운 원천으로 다시 돌아가는 방법을 발견할 때, 그 영혼은 극도의 기쁨을 알게 된다. 그런데 그 기쁨이 너무나 커서 말로는 형언할 수 없다.

그 영혼은 '우리 존재의 진실'이 기쁨이고, 우주는 신음소리나 한숨소리가 아닌 해방된 영혼, 즉 에너지의 부드럽고 은근한 웃음소리로 가득 차 있다는 것을 깨달을 수 있다. 뿐만 아니라, 그 영혼 자체도 형언할 수 없는 기쁨으로 가득 차 있다는 것을 알게 된다.

그런데 이 모든 것이 실질적인 일상 생활과 무슨 상관이 있느냐고 의문을 제기한다면 답은 무엇인가?

대답은 모든 것이다.

왜냐하면 이 은근한 기쁨을 소유한 사람은
인생의 전투에서 결코 패할 수 없기 때문이다.

그의 마음속에는

결코

정복할 수 없고

그를

승리에서 승리로 이끌

무언가가

있다.

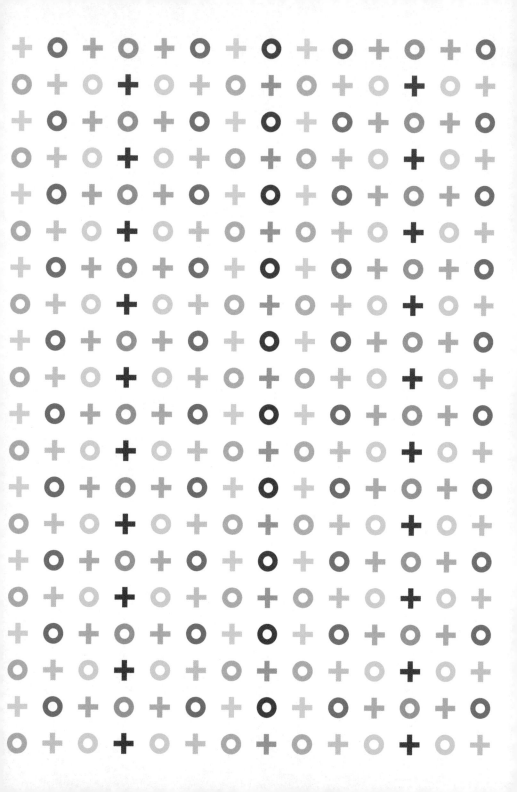

'마음의 힘'을 제대로 사용하는 방법을 훈련하기

정 신 적 인 힘 의 사 용 과 오 용

보통 사람은 정신력에 대해서 아무것도 모른다. 그리고 무의식적으로 잘못된 생각을 한 결과로 고통을 겪을지도 모른다. 하지만 설사 그렇다고 하더라도 내면의 정신적 힘을 의도적으로 오용할 위험은 없을 것이다. 그러나 마음의 힘을 사용하는 방법을 배운 사람은 그 힘을 바르게 사용하기 위해서 매우 신중해야 한다.

만일 내면의 힘을 사용하는 방법을

배운 사람이 신중하지 못하면,

보이지 않는 정신과 영적 에너지의 힘이

다이너마이트보다 훨씬 더 강력하고

파괴적이라는 것을 알게 될 것이다.

이것은 내적인 힘을 바르게 사용하지 못하면 정신과 영의 힘으로 자신이 폭파될 수 있다는 뜻이 아니라, 현재의 삶뿐만 아니

라 앞으로 다가올 삶에 있어서도 자신이 상처받을 수 있다는 것
이다. 게다가 정신적 발전을 심각하게 방해받을 수도 있다는 뜻
이다.

제안이라는 명목으로 다른 사람들의 이익이 아니라, 자신의 이
익을 위해서 다른 사람들에게 강요하거나 영향을 미치게 하기
위해서 모든 지력을 사용하면 실제로 다른 사람들이 아니라 '당
신'을 파괴시킨다.

겉으로 보기에는 그것이 성공과 번영으로 가는 쉬운 길처럼
보이지만, 실제로는 실패와 빈곤으로 이어진다. 이런 식으로 정
신력을 오용하는 것은 실제로 흑마술의 한 형태이다. 흑마술이
란, 이기적 목적을 위해 초자연적인 힘을 이용하는 것을 말한다.
그런데 모든 흑마술사들의 운명은 매우 끔찍하다.

심지어 '자신들의 이익을 목적으로' 다른 사람들을 지배하기 위해서 정신을 사용하는 것은 바람직하지 못하다.

얼마 동안은 자신들에게 이익이 되는 것처럼 보일지라도 실제로 결코 어떤 이익도 없다. 그러므로 정신을 사용하는 것을 강력하게 반대해야 한다. 소위 타인에 의한 암시를 사용하는 치료는 영구적이지 않다. 왜냐하면 치료하는 사람이 환자에게 암시를 '주입하는' 것을 중지하자마자, 환자가 자신의 이전 상태로 되돌아가기 때문이다.

환자 스스로 자기 암시를 사용하는 것을 배운다면 훨씬 더 좋은 결과를 가져온다. 그러나 정신을 이기적으로 사용하여 다른 사람들에게 영향을 미치기 위해서 사용하는 것은 명백하게 위험하다. 또한 이타적으로 사용하더라도 아무런 쓸모가 없다는 것을 알게 된다.

최면은 어떤 방식으로 사용하든지 위험하고, 환자들에게도 좋지 않다. 이런 이유 때문에 신경과 전문의들은 이미 최면을 거의 사용하지 않고 있다.

—

우리는 정신적인 힘을 사용해서
다른 사람들에게 영향을 미치려고
노력할 권리가 없다.

비록 우리의 목적이 선할지라도 말이다.

사람들은 각자 자신만의 방식으로 자신의 삶을 살고, 스스로 선과 악을 선택할 권리가 있다. 그것이 인생의 목적이다.

그러므로 발전하고 있는 사람은 각자 자신의 실수로 인한 결과로 배운 교훈을 통해서 지혜를 배워야 한다. 다른 사람들을 돕기 위해서가 아니라, 그들의 것을 빼앗거나, 그들이 필요하지 않은 물건들을 사게 하거나, 혹은 다른 상황이라면 서명을 하지 않을 것에 서명을 하도록 다른 사람들에게 강요한다면 이것은 훨씬 더 나쁜 일이다.

—

정신력과 영적인 힘을 오용하는 사람은
문자 그대로 자신의 인생을 박살내는 것이다.

그는 인생과 우주의 법칙을 거스르기 때문에 자신의 파멸을 가져온다. 그러나 강요에 의한 정신 지배와 자기 암시 이외에 정신력과 영적 힘을 오용하는 훨씬 더 감지하기 힘든 방법이 있다.

이 방법은 똑같이 파괴적인데, 이 방법을 계속 고집한다면 미래는 점점 더 고통스러워진다. 이 방법으로는 다른 사람에게 영향을 미치거나 그들을 지배하지는 못한다. 하지만 인간의 의지는 더욱 훌륭한 본성의 힘을 지배한다.

정신적 요구는 보이지 않는 물질로
만들어진다고 한다.
이 물질로부터 만물이 만들어지고
부(富)가 나타날 수밖에 없는 것이다.

게다가 병은 사라지고, 보이지 않는 생명의 힘들이 인생의 길을 가시가 없는 안락한 생활로 만드는 방식으로 작용한다. 그래서 인생의 모든 시련과 경험이 잘려져 나간다고 주장한다.

이 주장의 추종자들은 '침묵 속으로 들어가고' 침묵 속에서 그들이 원한다고 생각하는 것을 마음속에 떠올린다. 그리고 그들의 강한 열망이나 의지의 행사를 통해서 원하는 것이 구체적인 형태로 억지로 나타나게 한다.

이런 사상을 추종하는 어떤 사람들은 원한다고 생각하는 것을 분명히 구체적인 형태로 나타내는 데 성공할 수 있을지도 모른다. 그러나 그렇게 성공한다고 하더라도, 살아가면서 그것을 후회할 것이다.

왜냐하면 그들은 단지 이기적인 생각을 실천하는 사람들이기 때문이다. 그들의 노력은 좋지 않은 마법과 같은 종류이다. 그러한 모든 이기적인 방법들을 사용하면 미래에 무거운 고난의 짐만 쌓이게 되고, 스스로 진화하는 과정을 방해하는 셈이 된다.

—

침묵 속으로 들어가는 것은 좋은 것이다.

그것은 실제로 영혼의 내적인 침묵, 즉 성스러운 영혼이 충만하게 자리를 잡고 있는 내적인 공간으로 들어가는 것이다. 그러나 이기적이고 물질적인 목적을 위해서, 그리고 인간의 의지대로 살기 위해서 '우리'가 마땅히 되어야 한다고 생각하는 것에 일치시키려고 내적인 힘을 오용하는 것은 제일 나쁜 범죄이다. 또한 이것은 궁극적인 실패와 불행이라는 결과만을 초래할 뿐이다.

우주의 온전한 의식을 소생시켜 한계를 극복하기

한 계 의 극 복 과 내 적 인 힘 깨 우 기

한계는 진리를 깨달음으로써 극복할 수 있다. 이렇게 말할 때, 당연히 육체적인 차원에서 모든 노력을 할 것이라고 믿는다. 건강하기 위해서는 몸을 씻는 것, 운동하는 것, 그리고 신선한 공기를 마시는 것이 필요하다.

당신이 성공하기를 바란다면, 열심히 일하고

'선물'이라는 방식으로

우리가 우주로부터 받은 것의 대가로

자신이 할 수 있는 분야에 봉사하는 마음으로

최선을 다하는 것이 필요하다.

당신이 정원사를 고용하면 그에게 돈을 지불해야 한다. 당신이 정원사에게 지불한 돈은 당신이 두뇌를 열심히 써서 번 돈의 일부분이다. 그러므로 당신은 두뇌의 노력을 정원사의 손의 노동과 바꾼 것이다.

또한 당신은 상호적으로 다른 사람에게 도움을 받고, 다른 사람을 도와준 것이다. 즉, 주고받는 것이고 각자는 자신의 능력에 따라 산다. 이 모든 것이 당연하다고 생각한다면, 형이상학적 측면에서 주제를 살펴볼 것이다. 이것은 대단히 더욱 중요하다. 그런데도 외적으로 실질적인 노력이 꼭 필요하다.

한계를 극복하기 위해서는
진리를 알고, 진리를 의식하면서
사는 것이 필요하다.

예를 들어, 좋지 못한 건강이 우리의 한계라면 그 한계로부터 자유로워지기 위해서 이 우주의 온전함과 에너지의 흐름을 의식하면서 살아야 한다. 우리의 한계가 제한된 수단이라면 이 우주가 만물을 실제로 나타나게 하는 물질의 고갈되지 않는 무한한 성질을 의식하면서 살 필요가 있다.

우리의 한계가 부조화와 불행이라면 신성한 조화가 외적인 삶에 나타나도록 유발시키는 방식으로 조화에 맞춰야 한다. 그리고 그 조화가 실제로 드러날 정도로 우리는 거기에 따라야 한다.

우리의 한계가 무엇이든지 이 우주의 원천에 의지함으로써
해방되고 구조 받을 수 있다는 사실을 깨달아야 한다.
우리가 원하는 완벽한 현실이 실현된다는 것을 깨닫고 나서,
이 진리를 의식하면 제대로 살 수 있다.

좋지 못한 건강은 신체적인 원인 이외에도 내적인 갈등이나 부조화가 겉으로 나타나는 징후이다. 또한 잘못된 생각, 감정, 신

념, 그리고 인생과 신을 향한 정신과 영혼의 자세에 의해서 발생된다.

다시 말해서, 사람들은 질병과 병에 대해서 '잘못' 인식한 채로 살고 있다.

첫째로, 내적인 삶을 우리 자신의 존재와 인생의 신성한 목적의 법칙과 조화를 이루는 그러한 방식으로 조정해야 한다.

사랑의 원리에 내적으로 굴복해야 하고, 건강을 파괴시키는 감정들이 더 이상 건강을 손상시키지 않도록 통제 하에 사랑의 원리에 따라 생각해야 한다.

게다가, 현실로 존재하는 완벽한 온전함을 깨닫기 위해서 가능한 한 자주 이 우주의 온전한 의식을 소생시켜야 한다. 인내심을 가지고 이 과정을 계속한다면 건강과 온전함에 대해 영구적으로 의식하는 정신 상태가 된다.

그 결과,

건강함이 삶 속에 분명하게 나타나게 된다. 외적인 삶은 항상 내면의 상태나 의식의 상태를 반영하거나 외적으로 분명히 나타낸다. 그러므로 모든 것은 어떤 종류의 생각으로 사는지에 달려 있다.

우주의 건재함, 건강과 조화의 정신적 분위기 속에서 사는 사람은 무의적으로 본성의 내적인 힘들을 건강을 위한 생활방식에 쏟는다. 다른 한편으로, 좋지 못한 건강의 정신적인 분위기 속에서 사는 사람은 무의식적으로 아프다. 그리고 건강하지 않은 사람들이 종종 하듯이, 질병을 만드는 방식에 모든 무의식적인 행동을 쏟는다.

이러한 상태는 오직 풍요로움과 충만함이 있다는 것을 의식하는 더 높은 차원으로 삶을 끌어올리면서 영적으로 극복될 수 있다. 이런 극복 방법은 무의식적으로 보다 좋은 상태를 가져오는 방식으로 모든 행동에 영향을 미친다. 다른 한편으로, 뭔가 항상 부족하다고 느끼는 정신적 분위기 속에서 사는 사람은 평생 무의식적으로 모든 행동을 지독한 가난과 갈급한 상황을 만드는 일에 쏟는다.

사람의 인생에는 어떤 한계가 있든지
동일한 법칙이 적용된다.

오직 인생과 존재에 대한 진리를 깨달아야만
자유를 얻을 수 있다.

우주의 진리를 깨닫고
그 진리를 의식하면서 살고
인생과 존재의 법칙에 따르게 될 때
삶은 점점 더 자유로워진다.

이것은 얼굴이 못생겼고 키가 땅딸막하다면 아름답고 우아해
질 것이라는 사실을 의미하는 것이 아니다. 소위 이러한 결점이
더 이상 우리를 구속하지 않을 것이라는 말이다. 그리고 다른 사
람들이 우리 속에서 단지 반듯한 이목구비와 아름다운 몸매 이
외에 더 나은 그 무언가를 볼 것이라는 사실을 의미한다.

영혼이 '생기가 넘치고'
삶이 사랑으로 가득 찰 때,
가장 못생긴 얼굴도
매력적으로 된다.

이 말은 우리가 사별과 슬픔, 그리고 어려움과 역경을 겪지 않을 것이라는 사실을 의미하는 것이 아니다. 다만, 인생의 시련을 올바르지 않은 정신으로 받아들여서 이런 고난들을 더욱 심화시켜 더 큰 고통을 만드는 것을 중단하라는 가르침을 의미한다.

이 말은 또한 우리가 인생의 모든 시련을 극복하고 갈등을 정복하여 인격을 도야할 수 있다는 사실을 의미한다.

인 생 의 풍 파 는

우 리 를 파 괴 하 는 대 신 에

우 리 를 더 욱 강 하 게

만 들 수 있 다 .

따라서 우리의 운명은

인생의 풍파에 달려 있는 것이 아니라,

우리가 인생의 풍파를

어떻게 대처하느냐에 달려 있다.

인생의 풍파가 우리에게 피해만 준다고 생각하면서 꼭 겪어야할 시련이 아니라고 저항한다면 우리는 황량한 해안에 난파되는 배와 같을 것이다.

그러나 우주의 진리를 아는 지식으로 우리가 무장한다면, 인생의 풍파를 통해서 실제로 간절히 바라는 피난처를 향해 가는데 도움이 되는 방식으로 항해할 수 있다.

이 우주의 진리를

깨달아가는 지식으로

무장하라.

그 지식으로 가는 첫 번째 단계는 올바르게 생각하는 것이다.

부정적인 모든 생각을 정반대인 긍정적인 생각으로 바꿔야 한다.

[11]예를 들면, 증오와 싫어함을 사랑과 호의로 바꿔라. 그리고

두려움을 신뢰로, 빈곤을 풍요로움으로, 악을 절대적인 선 등으

로 바꿔야 한다. 물론 이것은 쉽지 않다.

그러나 불가능한 것도 아니다. 가능하다! 그리고 시간이 흐르

면서 끊임없이 인내심을 가지고 노력한다면 인간의 생각하는 능

력은 증가한다.

나의 또 다른 저서인 『The Power of Thought』와

『The Way of Escape』를 참조하기 바란다.

처음 시작하는 사람은 당연히 여러 해 동안 계속 끈기 있게 이겨내서 열심히 노력해온 사람과 똑같이 통제할 수 있을 것이라고 기대할 수는 없다. 하지만 초보자도 상당한 진전을 보이며 나날이 배울 수 있을 것이다.

우 주 의   진 리 를   깨 닫 는   방 식 으 로   생 각 하 는   것 은   놀 라 운   결 과 를   가 져 온 다 .

사고의 전환은 처음에 매우 간단하고 아무런 도움이 되지 않는 것처럼 보일지도 모르지만, 얼마 후에 그 주제의 광대함은 거의 놀라울 정도로 확장된다.

올바르게 생각하는 것을 기르고 연습하면 차츰 진리를 아는 지식에 이른다.

진리에 대한 지적인 지식은 곧 이 우주와 영혼에 의한 진리의 깨달음이다. 이것은 인간들을 자유롭게 하는 진리를 아는 것이다. 그때서야 비로소 우리는 고금을 통해서 검증된 '모든 것이 좋다'라는 것을 스스로도 깨닫고 알 수 있게 된다.

이때, 우리를 억눌렀던 무거운 짐이 우리의 어깨에서 굴러 떨어지고 우리는 자유롭게 된다.

내적인 힘 깨우기

인간은

.

.

.

.

놀랍고 무한한 이 우주의 힘의
상속자이지만,

그 힘을 의식하게 되고
자기 자신과 그 힘이 하나라는 것을
의식적으로 알 때까지

그 힘은 그대로 있고
드러나지 않는다.

인간이 자신의 내면에 숨어 있는 힘을 아
직 깨닫지 못한 상태에서는 인간이 사용
하는 힘은 있으나마나한 미약한 존재일
뿐이다.

그러나 인간은

자신이

우주적인 존재라는

위대한 진리에

눈을 뜨게 될 때,

.

.

.

.

.

새로운 삶이 시작된다.

작고 하찮은 자신이라는 유한한 존재가

자신의 실제 자아가 전혀 아니라,

단지 실제 인간이 쓰고 있는 **가면**이라는 것을 배울 때,

영적 자아, 즉 영원한 우주의 신성한 반짝임이

'자신의 진정한 자아'라는 것을 깨달을 때,

그리고 자신의 몸이 진짜 자신의 것이 아니고,

자신의 정신이 진짜 자신의 것이 아니며,

심지어 자신의 영혼도 진짜 자신의 것이 아니라,

자신의 존재는 단지 그것을 통해서 표현하려고 노력하는 수단
이고

자신은 죽지 않고 질병에 걸리지 않는 영원한 영적인 존재이고

무한한 이 우주의 절대 없어서는 안 될 꼭 필요한 부분을 형성
하며

그 우주와 자신이 하나라는 것을 이해할 때,

그는 거의 끝이 없는
이 우주의 새로운 생명의 흐름 속으로 들어간다.

깨달음을 '강요'하려고 신비스러운 종교 의식에
참여하는 것은 그 어떤 것이라도 현명한 일이 아니다.
신비로운 종교적 황홀감은
매우 위험하고 또한 불필요하다.

초자연적인 체험과 초자연적인 중심에 눈을 뜨는 것은 또한 위험하고, 우리의 목적으로부터 벗어나게 한다.

영적 운동의 경우 그 목적이 내적인 힘을 깨우는 것이라면 그것은 '매우 위험하고' 결과적으로 비난을 받을 것이다. 모든 생각을 억누르고, 자신을 매우 수동적으로 만들어서 어떤 영향이든지 받아들이는 부정적인 소극성을 계발하는 것 또한 매우 위험하고 전적으로 피해야 한다.

이 모든 어리석은 종교적 의식들 대신에,
가능하다면 매일 밤과 또한 아침에 잠깐 동안 이 우주와
대면할 시간을 따로 마련해야 한다.

그리고 나서 몸과 마음과 영혼이 단지 표현 수단일 뿐이고, 진정한 자신과 자아의 하인이라는 것을 깨닫기 위해서 노력해야 한다. 이렇게 하면 머지않아 이 우주와 자신이 하나라는 진리를 의식하게 될 것이다.

사람은

다음의 방법을 쫓아

계속 살아갈지도

모른다.

'
내 몸은 진짜 내 것이 아니라,
단지 내가 이 물질적인 삶을 살게 하고
경험을 얻게 해줄 어떤 것이다.
,

'내 정신은 진짜 내 것이 아니라,

단지 내가 사용하고 내 의지가 따르는 기구이다.'

'내 혼은 진짜 내 것이 아니라,

단지 내 영혼의 옷이다.'

'내 의지는 진짜 내 것이 아니라,

단지 진정한 자아인 내가 사용하는 어떤 것이다.'

이 방법으로 당신은 서서히 말로 표현할 수 없고,

오직 깨달음이나 내적인 영적 이해를 통해서

당신의 것이 될 수 있는 위대한 진리에 다가간다.

●　●　●

시간이 지남에 따라 당신은
엄청난 무제한적인 힘을 알아차리고,
그 힘에 의해 보호받고 있다는 느낌에
사로잡히게 될 것이다.

이것은 큰 책임이 따른다. 왜냐하면 이 힘을 이기적인 목적이 아니라, 오직 봉사할 때 사용해야 하기 때문이다. 재산을 늘리고 세속적인 권력을 얻기 위해 이 힘을 사용한다면, 엄청난 재앙이 따르는 결과를 피할 수 없을 것이다.

그러나 이 힘을 올바르게 사용한다면 비록 무의식적일지라도 반드시 삶에 큰 영향을 영원히 미칠 것이다. 그리고 당신은 이것에 대해서 책임이 없다.

끊임없이 다른 사람들에게 봉사하고 행복을 빌어주려고 노력하라. 그러면 당신이 행복을 추구하지 않더라도 뜻밖의 수많은 행복이 당신의 삶 속으로 들어올 것이다.

이 힘은 또한 의지를 강화시키고, 정신적 갈등을 극복하며, 더 높은 영역에서 표현 수단이 될 영적인 몸을 더욱 강력하게 만들기 위해서 사용될지도 모른다. 〈끝〉

우주의 법칙과
조화를 이루는 삶에 대한
깨달음과 소통하면서

이 책의 저자, 헨리 토마스 햄블린(Henry thomas Hamblin)은 영국의 신비주의자이자 '신사고(The New Thought)' 운동의 작가이다. 이 책의 핵심적인 메시지는 우리가 만약 성스러운 존재와 더불어 사는 방법을 배운다면 우리의 외적인 삶 전체가 변하고, 우리를 통해 그 성스러운 존재가 나타난다는 것이다.

햄블린은 1873년, 런던의 월워스(Walworth)의 가난한 농가에서 태어났다. 몹시 가난한 집안 형편 탓에 그는 적절한 학교 교육을 받을 수 없었다. 그래서 그는 집을 떠나, 다양한 직업을 경험하기 시작한다. 그런 사이에 힘든 일들이 많이 지나갔고, 결국 그는 많은 빚을 진 상황에서 안경사가 되기로 결심한다.

돈도 없고 앞날도 불투명했지만, 그는 불안한 환경을 잘 헤쳐 나갔다. 그리고 열심히 실력을 키워나갔다. 드디어 햄블린은 유명한 안경사가 됐고, 매우 인기가 있는 안경점을 설립했다. 이 안경점은 영국 내 380여 개의 지점과 2,500명의 직원, 그리고 안경과 콘택트렌즈 시장 점유율이 70퍼센트에 달하는 유명한 안경업체인 Dollond & Aitchison 사의 전신이 되었다.

결국 햄블린은 아주 성공한 사업가가 될 수 있었다. 하지만 그는 성공할수록 행복해지는 것이 아니라 점점 우울해져갔다. 그동안 햄블린은 살아오면서 성스러운 존재와 접촉하는 환상을 경험했다. 그럴 때면 걱정, 불안, 두려움이 완전히 사라지고 성스러운 사랑에 감싸이는 기분이 들었다.

그러나 성공을 하면서부터 이런 환상을 경험하지 못했고, 공포에 사로잡혀서 밤에 잠을 잘 이룰 수 없었다. 항상 밤마다 지옥에 떨어지는 기분이 들었다. 결국 햄블린은 사업을 포기하고 시골로 내려가게 된다. 그곳으로 내려간 즉시 그에게선 악몽이 사라졌다.

하지만 평안도 잠시뿐이었다. 열 살 난 아들이 갑자기 죽자, 햄블린은 밤마다 악몽에 시달렸던 것보다 더 큰 충격과 좌절을 겪었다. 그리고 세상의 어떤 성공도 그를 행복하게 해주지 못한다는 것을 깨달았다.

원하는 어떤 답도
교회에서 찾을 수 없었다

햄블린은 비록 독실한 기독교 가정에서 자랐지만, 원하는 어떤 답도 교회에서 찾을 수 없었다. 그는 어떤 교리나 사상을 따르는 것보다 오히려 자기 자신의 내부를 들여다 봐야 한다는 것을 깨달았다.

이 내부의 존재에 대한 영감을 받은 후에 햄블린은 1920년대 초반부터 글을 쓰기 시작했다. 그에게 작가라는 새로운 직업의 경력을 쌓게 해준 책이 바로 그의 처녀작인『피곤한 인생에서 벗어나는 13가지 생각의 방법(Within You is The Power)』이었다. 이 책은 십만 부 이상이나 팔렸다.

곧이어 그는 〈사고의 과학(The Science of thought Review)〉이라는 잡지를 만들었다. 1920년대에는 이런 종류의 잡지가 없었기 때문에 전 세계적으로 독자층이 생겼다. 그리고 햄블린은 1958년에 사망할 때까지 열심히 집필했다. 이처럼 그의 저작물 덕분에, 그가 남긴 깨달음의 메시지를 오늘날에도 우리가 여전히 공유할 수 있는 것이다.

햄블린은 건강한 몸, 충분한 재산, 뛰어난 성취와 업적 등 말로 다 표현할 수 없는 기쁨은 인간의 정상적인 상태이고, 이런 상태가 되기 위해서 인간은 우주의 법칙과 조화를 이루어야 한다는 것을 깨달았다. 『피곤한 인생에서 벗어나는 13가지 생각의 방법』을 읽은 독자들도 저자의 이 깨달음과 소통해서 진정한 자신을 발견하기를 바란다. 그리하여 이 책을 통해 더 많은 사람들이 삶의 의미와 평안을 얻게 되기를 바란다.

2016년 5월
원혜영

피곤한 인생에서 벗어나는
13가지 생각의 방법

(Within You is the Power)

초 판 1쇄 인쇄 | 2016년 5월 10일
초 판 1쇄 발행 | 2016년 5월 20일

지은이 | 헨리 토마스 햄블린 • 옮긴이 | 원혜영 • 그린이 | 이애영
펴낸이 | 조선우 • 펴낸곳 | 책읽는귀족

등록 | 2012년 2월 17일 제396-2012-000041호
주소 | 경기도 고양시 일산동구 호수로 336 (백석동, 브라운스톤 103동 948호)

전화 | 031-908-6907 • 팩스 | 031-908-6908
홈페이지 | www.noblewithbooks.com
E-mail | idea444@naver.com

출판 기획 | 조선우 • 책임 편집 | 조선우
표지 & 본문 디자인 | twoesdesign

값 15,000원
 ISBN 978-89-97863-65-5 (03190)

이 도서의 국립중앙도서관 출판예정도서목록(CIP)은
서지정보유통지원시스템 홈페이지(http://seoji.nl.go.kr)와
국가자료공동목록시스템(http://www.nl.go.kr/kolisnet)에서
이용하실 수 있습니다.(CIP제어번호: CIP2016011089)